Christian Dior

告訴妳什麼是時尚

Christian Dior◎著
陳蒼多◎譯

五南圖書出版公司 印行

目錄

第一部分

Christian Dior 談時尚

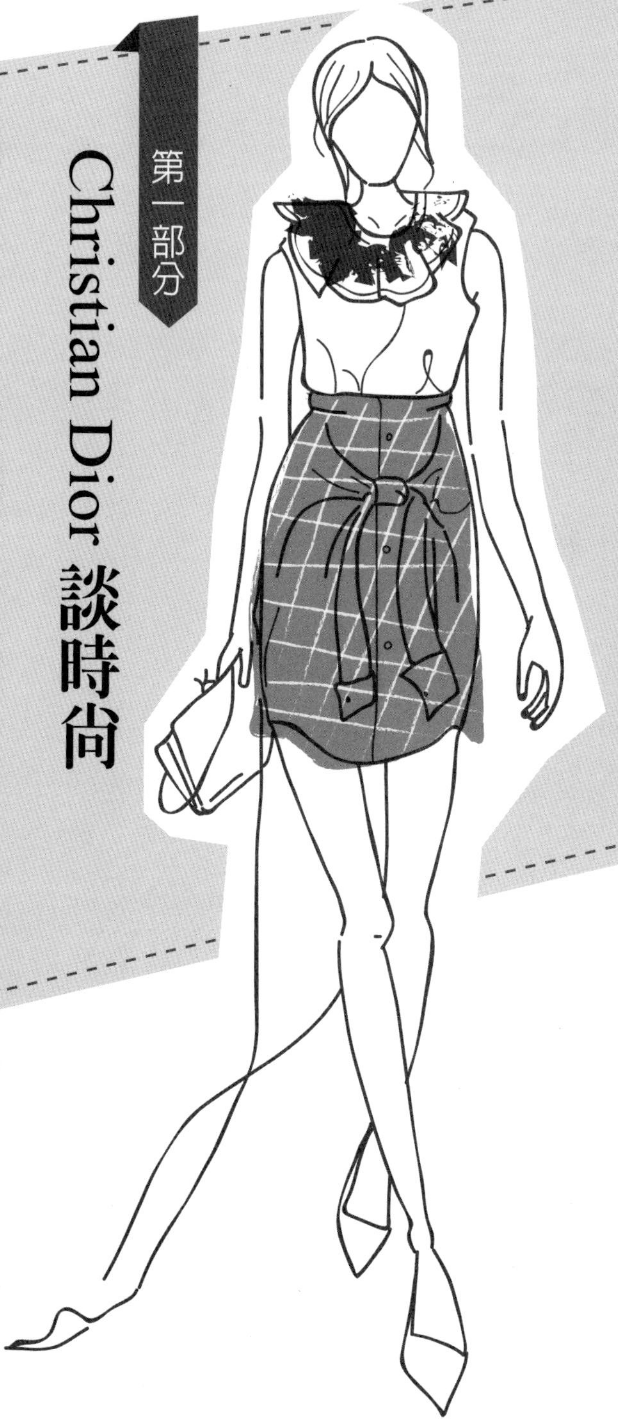

引言

「庫德雷磨坊」（Coudret Mill）遠離塵囂，所以克里斯汀．迪奧非常喜歡它。

這間房子是建在一座大庭院的三邊，宛如有一隻腳位於一條悅人的鱒魚溪——「學校」——之中，另一隻腳位於「迪奧先生」以及波蘭園丁伊萬所種的花之中。在「米莉花園」（Milly）時，迪奧先生和伊萬的穿著非常相像，很適合好園丁的身分：大大的長統橡膠鞋、一頂俄國帽、特大號毛衣，以及美國式T恤。

沒有人比克里斯汀．迪奧更知道如何建造一座有小溪分流出來的人工小島、闢出一座長滿燈心草的池塘，或者種植一叢紫丁香、一棵梨樹或一棵楊柳。他會分辨洋蔥球莖和鬱金香球莖；如果波斯菊和百日草繁茂地混雜在花床之中，他也會區分兩者的顏色。至於種植豌豆或者香料植物，他也知道它們需要的是什麼，甚至曾經環遊過世界的伊萬也無法教他有關園藝學方面的任何事情。僅次於時裝設計師的工作，迪奧最喜歡的是每星期「回歸到土地」。

「米莉花園」的週末充滿安靜的愉悅感覺和寧靜的氛圍，免於諸如電話等煩人瑣事。這個幾乎透露憂鬱氣息的鄉間地方，有著搖晃且高聳的蘆葦和清澈的高空，薄得透明的雲層掠過去，讓人想起喬治桑（George Sand）的小說《魔沼》的背景。置身此地的克里斯汀．迪奧在自己四周的萬物中發現一種平靜的歡樂氣息：番紅花的花瓣在三月的第一道陽光中開展，野櫻草在牆旁的一個隱密角落大膽地紅著臉綻放生命，還有那隻叫巴比的狗專心地凝視著，儘管人們把牠當作一隻時髦狗，努力要把牠趕出去，牠還是堅持看起來「像一塊跑來跑去的烤腿肉」——有一天，迪奧的朋友騷古特這樣說。

然後，伊萬會說一些故事，關於他如何離開祖國波蘭，旅行到南美，最後落腳在「米莉花園」。有時在晚上，花園沒有人的時候，他會在爐邊一面喝著高級香檳，一面大談自己的不尋常歷險，同時迪奧會在掛毯上編織幾針，或洗著橋牌，把牌翻起來，看看幸運之神是否會在下一次的工作中眷顧他。

伊萬也會在花園中談到未來的工作，談到他們可能種植的新種類的花。「庫德雷磨坊」中不曾有工作眞正完成，總是有急迫的新計畫等著實現。克里斯汀．迪奧無疑是眞正的貴族，由於關心隨從，就不再關心自己的權威的維持了：他做所有事情的動機是在於他自己的心地善良。

女廚丹妮絲（Denise）來自馬丁尼格，跟隨迪奧已有十年或者更長的時間，非常了解他。她有專屬的整間房屋可以活動，被主人以玩笑的口吻稱之爲「丹妮絲夫人」的她，可以自誇是世界上唯一擁有克里斯汀．迪奧當裁縫師的女廚。雖然她去望彌撒時穿著剪裁時髦的衣服，讓鄰居們很驚奇，但在做女廚的工作時卻戴著頭巾，穿著圍裙，置身在有白色洗滌槽和擦得發亮的橡木碗櫥的大廚房中。她製作鳳梨冰淇淋的技術是獨一無二的，很排斥美國人的「舒適」想法，喜歡「米莉花園」勝過巴黎，都在義大利度假，保持第一流廚師的冷靜——無論是面對十八個受邀用餐的客人，還是只有四個順道來吃便飯的人。

過路人只能瞄一瞄有灰色斑點的屋頂以及古老鄉村風格砌成的牆，來了解「米莉花園」中這間房屋的外觀。在這間房屋之中，人們所夢想的生活似乎很自然地吻合日常生活的要求。這裡的每個房間都透露其自身的詩意氛圍，爲克里斯汀·迪奧讚賞並賦予生命。然而，其中有一間客房，裡面的床塑造成像一隻天鵝的形狀，加上雪白的窗簾，又毗鄰最豪華的浴室，雖然櫥櫃散發薰衣草香，卻可能隱藏著從紐約運來的最新留聲機。

花是從花園採擷來的。克里斯汀·迪奧親手插在花瓶中，總是混雜著各種的花。當他離開「米莉花園」時，都會前往一間古董店，去搜尋一件賽佛爾瓷器，上面有玫瑰圖案，鍍上濃厚的金（當時的流行時尚），但是他也可能猶豫三個星期後，才買下一對十八世紀植物容器，雖然它們放在客廳壁爐的兩端會很好看。迪奧之所以猶豫，是因爲他的祕書兼會計哈美小姐（Mademoiselle Ramet）像食人魔——或者說是女食人魔——一樣監視著他。他要如何向她說明這種奢侈的行爲呢？哈美小姐把荷包看得很緊，但她畢竟也是克里斯汀．迪奧的老朋友，所以最後一切都會在友善的基礎上獲得解決。

他就是在這種適意的氛圍中，在這種像襯以軟毛衣服那樣舒適的環境中工作。在一間慎重地掛著印花棉布窗簾，可以激發詩意的房間中，他坐在發出劈啪聲的火爐前畫草圖，遠離巴黎，遠離時尚世界，遠離正在進行中的一切。以下這部作品也是在那裡我們與他談話的過程中形成的。

艾蕾．哈波亭
艾麗絲．恰華尼

第一章

時裝設計師誕生了

我做夢也沒有想到要成爲服裝設計師！我的內心壓根地不曾出現這樣的一種想法。

當然，我對女人輪廓中的時尚元素是很敏感的。像所有的孩子一樣，我小時候常會以讚賞的眼光注視著優雅「淑女」，但對於衣服或帽子的細節卻沒有特別的興趣。

關於童年時代看到的女人，我仍記得她們那久久飄散不去的香水味。那種香氣比現今女人的香氣更加持久，在她們離開電梯很久之後，電梯裡仍然充滿芬芳的氣味。

披著皮草的形體，模仿波狄尼（Boldini[1]）人物畫像的姿態；天堂鳥羽毛和琥珀項鍊，很像拉．幹達（La Gandara）和卡羅．德懷勒（Caro Delvaille）的畫——這些只是我對於當時的時尚以及最讚賞的東西所留下的有意識記憶。

一九一五年，我看到女人第一次穿著又寬又短的衣服、鞋帶繫得很高的長靴以及猴子皮草。當時的感覺我現在也記得很清楚。

我注視著女人，讚賞她們的輪廓，就像同年紀的所有男孩子一樣意識到她們儀態很是優雅。但是，如果有人預言我有一天會成爲服裝設計師，會非常仔細地研究如何剪裁、形塑或披上衣料，利用衣料創造出我想像中的女人造型，那我會非常驚奇的。

一九三五年，我在偶然的機會中開始設計女人的造型。

當時我患了一場重病，久病後正在痊癒中。由於經濟情況拮据，所以我第一次嚴肅地想到謀生的問題。

到銀行上班嗎？任職政府機構嗎？過著朝九晚五的規律生活嗎？這一切都不可能。我還沒有下決心要做什麼，但我還是決定要做點什麼——簡而言之，要改變我的生活方式。

年輕時，我沉迷於想像性與創造性的事情之中。我曾研究繪畫、音樂、藝術，涉獵各種領域，最終卻沒有安於其中一種。懶惰嗎？業餘的喜好嗎？我也不知道，我寧願不談。我最喜歡幫助朋友，鼓勵他們去做想做的事。有一次，我甚至開了一間畫廊，只賣我的朋友的畫。

但是，一旦談到聽音樂會、上戲院、稱讚有才華的年輕藝術家，就不會有任何實際的考慮了。

我有幸認識畫家和音樂家（尤其是伯雷德〔Bérard〕、達利〔Dali〕、騷古特

---

① Boldini，義大利人像畫家。

〔Sauguet〕、普朗克〔Poulenc〕），跟他們的關係很友善，很高興他們的表現都很成功，所以自己不曾想再做任何事情。讚賞朋友、擁有朋友就足夠讓我快樂了。

那段生病時期正是我沉思以及辛苦工作的時間。我花時間設計掛毯，沒有想到掛毯很快就變得那麼流行。然後就是痊癒時期，我過著艱辛的生活。就在此時，拉歐．杜飛（Raoul Dufy[2]）無意中救了我一命。我保有他的一幅很大的畫〈巴黎平面圖〉。我特別喜歡此圖，是從保羅．普瓦雷（Paul Poiret）那裡取得的。普瓦雷是在「裝飾藝術」的美好時代中委託杜飛畫這張畫，用來裝飾他的船隻。我把這張畫賣了，人總是要活，我身無長物，這張畫救了我。親愛又可愛的拉歐．杜飛！

我當時跟一位朋友尙．奧贊（Jean Ozenne）住在巴黎，他當時在設計模特兒的衣服與帽子。我經濟拮据，他建議我也做這一行，於是我在他和馬克斯．肯納（Max Kenna）的指導下，戰戰兢兢地開始畫出最初的草圖。我的草圖與尙．奧贊的草圖混雜在一起接受服裝設計店的檢核，但是，讓我非常驚奇的是，草圖立刻賣出去了。

第一次的成功激勵了我，於是沒有經過相當的考慮就繼續從事這個行業。我裝出可愛的無知模樣，善加利用雜誌，亦步亦趨地臨摹雜誌中女人的輪廓，開始設計一集圖樣，結果也賣出去了，可眞是奇蹟。

回顧那段時間，試著分析或界定我對於時尚的觀點，以及我對於「優雅」可能具有的想法，有兩個人的名字立刻浮上心頭：香奈兒（Chanel）與莫利納斯（Molyneux）。

在偶然的機會下，我在那裡所看到的女人衣服，似乎就是我希望與我出去的女人所穿的衣服。

這些衣服有非常樸素又清晰的線條，在那個介於兩次大戰之間的時期，算是非常成功的。衣服中所蘊含的過於嚴肅的成分，都因爲巧妙的巴黎風而得以緩和，並透露女性化的意味。對我們法國人的天才而言，這是最眞實不過的時尚了。莫利納斯上尉使得自己的公司成爲眞正偉大的法國公司。但是，可惜啊！就像很多其他的公司一樣，它已經銷聲匿跡了。

香奈兒小姐是整個巴黎最有智力、最傑出的女人之一。我非常讚賞她。她的優雅風度甚至在一個不學無識的人看來也令人目眩神迷，藉著一件黑色的套頭衫和十排珍珠，她掀起了時尚世界的一場革命。女人所要歸功於她的服飾，包括緊身內衣、斜紋軟呢服、羊毛短褂、「兩件式」黑羊毛衣、深藍女服以及白色凸紋棉

---

② Raoul Dufy，法國野獸派畫家、設計師。

布衣。她個人的時裝風格代表了她那個時期的特色：她爲優雅的女人而非美麗的女人創造出一種流行，象徵「衣裙窸窣聲」、華麗風格以及過度裝飾的時代宣告結束。她關店時等於關掉一扇象徵「優雅」與「智慧」的大門，但是她在一九五四年又復出，很受歡迎。

在倫敦，騷古特・伯雷與克里斯汀・伯雷（Christian Bérard）爲柯奇倫服裝秀設計了一場芭蕾舞表演《夜》。我是在這個場合第一次聽到有人談到一個以後會變得很有名的名字。瑪麗-露易絲・波斯奎（Marie-Louise Bousquet）進場時穿著一件黑色蕾絲裝（在今日看來會顯得很古典）而貝比（Bébé）對她說：「你穿上夏帕瑞麗

我一開始對時裝的時尚概念
源於香奈兒（Chanel）和莫利納斯（Molyneux）。

（Schiaparelli③），美極了。」於是每個人都重複說：「夏帕瑞麗，夏帕瑞麗。」

那時夏帕瑞麗夫人還沒有成爲「夏帕」（Schiap）。

至於浪凡（Lanvin④）這個名字，它跟我記憶中那些穿時髦衣服的女孩們結合在一起。我第一次跳狐步舞、卻爾斯登舞和爵士舞，就是跟這些女孩，她們經常是舞廳中衣服最漂亮的女孩。

我對於服裝設計的了解僅止於此！

我住在巴黎經常出去接觸很多不同圈子裡的人，所以很容易養成所謂有關「優雅」的想法。但是，要一直到眞正開始設計款式，我才會在看著衣服時，清楚地想要了解衣服成功或失敗的原因。

在這之前，讚賞女人的優雅或譏笑她們衣著不合時尚，對我而言就足夠了。

在我最初的設計中，有關帽子的想法特別地成功。服裝方面的設計則較不成功，這也許是我特別努力要在這方面獲得成功的原因之一。

因此，我畫出數以百計的草圖，努力要去學習、了解、發現。我把草圖拿給

---

③ Schiaparelli，法國女時裝設計師。

④ Lanvin，法國女服裝設計師。

一些朋友看，包括蜜雪兒．德．布倫霍夫（Michel de Brünhoff）、沃格爾夫人（Madame Vogel）、喬治．格夫雷（Georges Geffroy），他們當時都在設計服裝。我是多麼感激他們，因爲他們都表現出友善的眞誠，最先是告訴我說：「這並不是很好」，之後告訴我說：「這還不壞」，然後再告訴我說：「這比較好了」。直到有一天，我盡了很大的努力後，他們終於告訴我說：「這很好！」

但是，我已經工作了兩年。我辛苦工作與研究了兩年，日夜竭盡年輕人的力量，終於快要達到唯一的目的：成爲很擅長畫衣服款式的人。

很多頂尖的服裝設計師都成爲我的顧客。

我也設計手套、手提包、鞋子，尤其是帽子。

我很高興亞格妮絲．科倫比爾（Agnès Colombier）和珍妮特．科倫比爾（Janette Colombier）（我要歸功於後者的幫助，她那時跟瑪麗-亞風馨〔Marie-Alfonsine〕在一起）能購買我的草圖。珍妮特．科倫比爾讓我看她根據草圖所設計的東西。我總是告訴她說：「比我的設計好多了。」「其實你一點也沒有這個意思」，珍妮特會說，「但事實上，你並不是很介意衣服的後面或兩邊。只要前面很美，對你而言就足夠了。但是我的顧客卻從每個角度加以端詳！」

有時，我會用鉛筆畫幾筆，解釋她心中的想法或者她想要製造的東西。這種經驗對以後的我很有用。在勒隆（Lelong）的公司中，珍妮特・科倫比爾製造了帽子，我心目中的女性輪廓最終得以完成。

我也把一些想法賣給來到巴黎的外國顧客。

最後，在《費加洛報》主編「時尚版」的保羅・卡爾達蓋斯（Paul Caldaguès）非常好心，邀請我爲他的報紙定期提供設計圖樣。雖然我並不是眞正知道如何設計，但還是設法度過了難關。我的設計爲人所喜愛，吸引人們的注意。我正在往上爬。

此時，我開始發現我所嚮往的這個行業中有關的一切，包括在時裝公司的前室或大旅館前廳中等待很久的時間，以及約定的事情很是急迫。這種艱辛的經驗對我很是受用。

那些日子，我住在「勃艮第與蒙大拿旅館」（Hôtel de Bourgogne et Montana）。這家旅館應付兩種非常不同的人的需求——這正是它迷人的一個原因。強勢的紅髮女人瑪麗安妮・歐斯華（Marianne Oswald），加上她那一群喧囂的跟從者與仰慕者，爲「佛洛爾餐館」的討論做了鋪路的工作。存在主義肇始於那兒的一種舒適中產階級氣氛中。此地靠近聖克羅提德（Sainte-Clotilde）和聖日耳曼（Faubourg Saint-Germain）郊區，吸引了非常不同的群眾，與存在主義結合在一起。

格夫雷也住在旅館中。就是格夫雷把我介紹給羅伯特．皮傑（Robert Piguet），後者在巴黎正是當紅的時候。我讓他看了一些草圖，他很喜歡。不久之後，他要我爲他的「半時裝系列」設計一些衣服。我設計了四件：這是我眞正創造出來的最初的四件衣服。在他那善體人意的友誼的指引下，我親自監督衣服的完成工作。我永遠不會忘記這四件衣服。

那是一九三七年。我的設計賣得越來越多。不久之後，我爲「珍妮時裝系列」設計了一些款式。如此，我開始「看到」我的衣服。衣服不再只出現在紙上，對我而言已經有了生命，並且在我並不完全意識到的情況下，改變了我在那時之前，對於製作女裝的概念。

一九三八年，羅伯特．皮傑建議我當他的款式設計師。這是我一直在等著的機會。我終於進入工作坊！我很熱情地接受了。一切情況都促使我相信，甚至就早期的第一個作品集而言，我也不算太不成功，從此以後，我在公司的地位就確立了。

說眞的，關於這些起頭的情況，我所記得的事情很少，但是我想，就在這第二季的期間，我確實能夠爲整體的「行業」提供一點個人的貢獻。這是寬鬆衣服的第一次引進，其中的靈感來自（哦，勉強算是！）賽居爾伯爵夫人（Comtesse de

Ségur）小說中的小女孩模特兒瑪德琳、卡米蕾和蘇菲所穿的衣服：光滑的圓領、小袖口、高胸、始自腰部的豐圓、英國刺繡裙。這次的引進獲得了成功。

此時，我又遇見克里斯汀．貝拉爾，他再度由瑪麗-路易士．布斯凱陪伴著。他看到我時說道：「是克里斯汀創造了『英國咖啡』。」「英國咖啡」是一種黑白相間的雞爪狀花紋衣服，一件造型裙子在襯裙上方伸展開；一件黑色羊毛緊身上衣穿到胸部。這是一種作風大膽的服裝……它獲得了成功。瑪麗-路易士把我介紹給《哈潑時尚》的主編斯諾（Snow）夫人。就在那時，我在時裝世界開始占有一席之地，而在不久之前，我對時裝世界是完全陌生的。

與羅伯特．皮傑度過的幾年時光中，我留下了快樂的記憶，就算有時遭遇到小小的女性陰謀（我必須坦承，這種陰謀讓我喜歡的這位恩人感到相當有趣，他也表現些許幸災樂禍的心情煽動這種陰謀），但至少爭論經常是在非常有禮貌的情況下進行著。在這間公司中，我只享有友誼、鼓勵與了解。

我只記得一件突發事故，但並不是很具有戲劇性。

在皮傑的公司中，有一位迷人的俄國時裝模特兒，名叫比莉。我不很熱心地爲她設計一件綠色大衣。我並沒有爲自己的設計感到很自傲。結果我遭受到相對的懲罰，因爲這個年輕女人在羅伯特．皮傑面前說，她穿上這件衣服，感覺「醜得像毛毛蟲」。

我現在承認，當時我也有同感。我無精打采地坐在一張安樂椅中，甚至沒有做出自衛的姿態，沉思著這件可怕的事情，露出十足失望的表情。失望正是我當時的感覺。

羅伯特．皮傑幾乎發脾氣了。「嗯，你要不就是採取什麼行動」，他責備我，「不然就是滾出去！」

必須承認的是，比莉很頑皮。至於我，我被「停業」三天之久。

現在談談一九三九年的時裝系列，也就是我們最後的時裝系列！老實說，我們的心思幾乎不在這個時裝系列上。一切都似乎預兆災禍的來臨。無論如何，我們所做的努力值得帶來較美好的時光。這是「雙耳尖底甕形衣服」時裝系列，起源於只是一件倒過來穿的裙子，豐滿的部分隱藏在皮帶下面。這種時尚此後常為人所使用，包括我自己與別人，其誕生很偶然，標示出圓臀趨勢的開始。

我是在與羅伯特．皮傑共處時學會如何「省略」。這是很重要的。基於這點，女裝裁縫的技巧被刻意地簡化。我們並未很注意布料的先天特性，但是皮傑知道，「優雅」只能見於「簡單」之中，他也教我了解這一點。我在很多方面都歸功於他。在還沒有很多經驗的時候，我卻對自己很有信心，這點尤其要歸功於他。

如果將女裝裁縫做整體的考量——就像那時的情況一樣，也就是說一九三九年戰爭之前的時期——那麼，我看到的是夏帕瑞麗的風格與想像的成功。我不想在這裡做評估，但夏帕瑞麗的風格與想像是時尚，代表「優雅」。這種「優雅」很吻合金-米歇爾．佛蘭克（Jean-Michel Franck）的裝飾以及超現實主義的放縱——這兩者已經迷住一大群人。此時，香奈兒正在製作可愛的晚禮服，是眞正創造出來的，跟過去的任何風格沒有關聯，但還是與當時很流行的威尼斯背景、過分裝飾的巴羅克服飾品很調和。

關於香奈兒，我還有一則回憶：我記得幾個女人穿著蕾絲衣服走進一間大舞廳，其中有香奈兒本人以及J．M．色爾特（J.-M. Sert[⑤]）夫人。我不曾看過那麼高雅的情景。

我也認爲梅因布徹（Mainbocher[⑥]）的女裝很美，但我已經說過，我比較喜歡莫利納斯（Molyneux）。

東西不會被虛構出來，所有的東西都源自別的東西。莫利納斯的風格確實是影

---

⑤ J.-M. Sert，西班牙畫家。

⑥ Mainbocher，美國服裝設計師。

響我最深的風格。

最後，在一九三八年，巴倫西亞（Balenciaga[⑦]）這位明星榮耀地升起。我相當讚賞他的才賦。格雷（Grès）夫人以亞麗克絲（Alix）爲名，剛剛開了公司，其中的每一件衣服都是傑作。

女裝裁縫業要大大歸功於這兩位天才設計師。我也必須提到我不曾見到的兩個女人，因爲她們的公司在我開始工作的時候已經不見了。我所看到的有關她們的一切，在我心目中是「偉大的服裝設計」的品味與完美境地的頂峰。這兩個女人是奧古絲妲·伯納德（Augusta Bernard）與露易絲·波南格（Louise Boulanger）。

我必須承認，瑪德琳·薇歐奈（Madeleine Vionnet）的女裝尤其讓我感興趣，因爲我那時正要成爲服裝設計師，很專心於技巧的問題，學習到越多服裝設計藝術，我就越了解到她的女裝是多麼令人讚賞又不尋常。在她身上，服裝設計的藝術已經到了最高峰。

羅伯特·皮傑最有興趣於比例的問題，所以他對於我的焦慮和我的追求「高明的剪裁」感到很好笑。我認爲，他在這方面批評我是不正確的，因爲時尚只會受到

⑦ Balenciaga，西班牙服裝設計師。

瑪德琳．薇歐奈的技巧讓人讚嘆！

技巧深深的影響。

我必須最先面對的是一些「女領班」（掌管各部門的女工頭），是在羅伯特．皮傑的公司中的那些女人。我很感激她們給我很大的幫助，因爲她們盡力要彌補我身爲初學者的無知。

在非常多的公司中，設計師被視爲是討人厭的對象，但是希多（Sido）夫人、安德烈（Andrée）夫人，以及忘了名字的其他人，對我而言就像眞正的母親。幸虧有了她們，我成長期中的困擾得以解決，而「老闆」不曾知道我踏出第一步的猶豫不決與不穩定。

希多夫人與她的妹妹安德烈夫人是兩位慈母般又容易相處的女人，她們那種中產階級平靜生活方式和性情，只有在先天存在於職業中的小小不幸偶爾出現時，才會受到影響。

她們會以多麼尖銳、令人失望卻又多麼具有愛意的聲調說話：「老闆捅了我一刀——可眞受不了他！」

也許，她們今日在我自己的公司也會這樣說我——誰知道呢？

當然，這種需要敏捷與完美手藝的行業，無法忍受嬌縱與自滿，大家都不會閃爍其詞。如果有時這些女人被弄哭了——活該！——那是很糟的。如果時間允許的話，人們無疑會更加有耐性的。

然而，由於這些「女領班」手藝很好，所以你會向她們請教很多事情。但是，必須坦白說的是，她們喜愛細節、優秀的女紅、完美的修飾，因此有時會昧於線條的平衡，必須經常加以補救。表現優秀的女紅工夫和製作美麗的衣服並非相同的事情。當然，這兩者必須結合在一起，但是將它們結合在一起並非易事。「女領班」太專心於自己的工作，經常沉迷於細節之中。服裝設計師必須只想到基本的部分。除了這群「女領班」我必須直接接觸之外，還有展示室的所有人員、管理人員以及女銷售員，我必須表現得謹愼又圓滑，周旋於他們之間。

嚴厲卻臉帶微笑的女經理妮可爾小姐多多少少支配著這個世界，而經理羅傑先生雖然不大為女性人員所喜愛，卻表現出鎭定、公正又務實的態度，監督手下的人員。

特羅安內夫人，以「波比」爲人所知，心情跟我一樣，也跟我一樣面對「老闆」眞正的微笑、勉強的微笑，享有「老闆」幾隻牛頭犬的愛撫，經驗到希望、失望與讚美。所有的這一切確實令人感到很愉快，對於一位愛上自己的工作的學習者而言，是非常迷人的。

現在就回來敘述我的生涯。一九三九年的動員，加上停戰後長期待在普羅旺斯，迫使我閒著無事可做。有兩年的時間，我跟其他每個人一樣「回歸到土地」，跟著太陽起床、上床，在卡利安地方的花園蒔花種草。

然而，我還是繼續畫草圖。幸虧有詹姆士．德．柯奎（James de Coquet）的幫忙，我的作品得以在里昂以及在《費加洛報》上發表。

最後，我回到巴黎，因爲盧西恩．勒隆（Lcien Lelong）要我當他的設計師。如果羅伯特．皮傑可以說代表「優雅」的精神，盧西恩．勒隆則代表一種傳統。他自己並不做設計，他是經由他的設計師而進行工作。然而，在身爲服裝設計師的生涯中，他的時裝系列卻保有眞正屬於自己的風格，反映出自己的個性。

在跟盧西恩．勒隆待在一起時，我很熟悉這個行業，所以學習到，女裝裁縫的最基本本質——材料的固有特性——是很重要的。

觀念相同，材料相同，但製作出來的衣服可能成功，也可能完全失敗，取決於一個人是否知道如何支配布料的自然曲折。一個人必須順應布料的自然曲折。

我在跟盧西恩．勒隆學習這一行時，更加明智地了解到手藝的要求。由於那裡一些能幹的女領班的幫助，我開始強迫自己配合她們的要求。

設計與手藝：成功的工作的兩個要件。

這間很大的時裝公司中有無數的人員和廣大的建築物，我跟皮埃爾．巴爾曼

（Pierre Balmain）共同負責設計的工作。

由於他的性情迷人——我的性情也是！——我認爲，在女裝裁縫史上，再也沒有像我們兩人之間的完全默契的例子了。

畢竟，時裝的創造就算不是緣於「競爭」，至少是緣於「仿效」。我們發現了一種避免陰謀和嫉妒的方法，因爲我們最介意的乃是時裝系列的成功。

但是，巴爾曼認爲這種工作只是一種踏腳石。他已經在夢想著自己將要建立有一天會以他爲名的公司。他也鼓勵我要有自己的夢想。他時常對我說：「克里斯汀·迪奧做爲時裝公司的名字很棒。一旦我們自己的公司面對面時」，他微笑著補充說，「我一定會在櫥窗中擺上巨大、寬鬆的衣服來誤導你……然後我就只做狹窄的衣服！」

我對於做生意的風險感到害怕（設計的風險對我而言就足夠了），所以期望餘生跟勒隆待在一起。

接著是「解放運動」（Liberation）。

巴爾曼離開，去創立自己的公司，他的成功每個人都知道。

從那時之後，我爲勒隆所做的工作，在我看來每天都變得比以前更艱辛。然而，一種堅定的友誼把我跟盧西恩·勒隆結合在一起，我們的合作是基於彼此的信任。無疑的，由於我對這一行更加充分了解，內心自認精通這一行，所以就越難以跟這樣一位性情與我如此不同的人相處。這種情況是很可能存在的。

請讓我加以說明。一個時裝系列是兩個月之中創造出來的，而時尚一定會很快煙消雲散。在迫切需要採取行動的時候，一個人很難使用其中一部分時間來說明他的感覺，甚至說服一個朋友接受他的觀點。

於是，一個又一個的時裝系列引起一次又一次的後悔，後悔無法去做心中想做的事情，所以我認定，爲了做心中想做的事，我就必須能夠自由採取行動。

基於某種機緣，我接觸到布薩克（**Boussac**）先生，一連串的情況終於迫使我承擔起責任，以我自己的名義從事這一行業。然而，我卻是在後悔的心情中離開了那個只靠信心與友誼支撐我的公司。其餘的部分，你們都知道了。

如此，我們來到了克里斯汀．迪奧公司的開始部分。

關於我的公司，我能告訴你們什麼呢？

一個人如何能夠談到目前情況以及他爲了什麼而活？

事實上，我的公司就是我的整個生命。

然而，我能夠坦白說，在出第一個時裝系列——那個引進「新面貌」的時裝系列——的前夕，如果有人問道，我做了什麼？我希望從中獲得什麼？我一定不會談到「革命」。我無法預見這個時裝系列爲人接受的情況。我幾乎不認爲這種事是可能的；我一切的努力都只是爲了貢獻我最佳的部分。

第二章

時裝系列誕生了

根據工作進展的一般順序，我必須首先談到材料的選擇。

事實上，材料的選擇是在時裝系列開始製作前的大約兩個月進行的。就像春天蓓蕾初放，或冬霜初降，它讓你體認到季節的改變。

甚至在還沒有開始想及這個新時裝系列之前，就要選擇材料。

因此，它是第一步。

在里昂、法國北部、瑞士、米蘭、蘇格蘭中心的不知名工作坊中，製造業者已經有一年或更長的時間一直在尋求、設計、準備樣品，現在將樣品呈現在我們面前。

這些樣品首先是提供給巴黎的女裁縫業者，因爲傑出的時裝公司所做的選擇會支配世界上其餘的人的選擇。

巴黎公司所選擇的材料，對於製造業者而言只代表相當小部分的生意。然而，這對他們而言是極爲重要的，因爲這種選擇很有決定性。除了其中所涉及的威望之外，也將引導他們的產品，將產品加諸於世人之上。

在時裝系列採用的材料確定之前，設計師和製造業者之間時常都有討論在進行著。

服裝設計師會建議對某種特別的織法或圖案進行研究。他們會要求製造某種新的布料，或者重量或色度很特別的布料。他們建議某些主題，指引材料的設計者呈現新的成就。他們讓顏色達到完美的境地，也發明新的技巧。

服裝設計師必須去發現那些能夠從事耐心、不辭辛勞的研究工作以及充滿精力的合作者。例如，有一天，在前往瑞士旅行的途中，我對布羅辛．德．米蕾（Brossin de Méré）夫人說，「我多麼希望妳能夠製造出像那些屋頂的材料（聖加倫市的海扇貝形石板屋頂）！」三個月之後，她給了我一種奇妙的鑲邊棉織品，複製了我很喜歡的那種屋頂。

還有一次，我們兩人都在回憶著春天的景象——蟲兒生動地飛舞，到處是亮麗的五光十色——於是，靈感源自蝴蝶翅膀的斑駁布料就在談話後成形了。這種布料的材質與染印花樣之所以能達到完美境地，只有藉助於不斷的嘗試錯誤，以及在恆久的失望與沮喪中經常努力保持希望。

請記住，這種合作只是偶爾才會出現一次。大部分的布料都是技術員的創造力所自然導致的結果。技術員都能夠猜測出我想要什麼，或如何挑戰我。布料不僅表達設計師的夢，也刺激著設計師的想法，可能是一種靈感的開始。我的很多衣服的靈感都只源於布料。

整個五月和十一月，成堆的案子湧進工作室。布料銷售員在公司老闆專注的眼神下，在工作室中取出無數奇妙的布料，接下來的時裝風潮就要藉著它們來表達。銷售員是不尋常的魔術師，他們在頃刻之間就讓你眼花撩亂，以一種獨特的姿態在你面前展開他們所謂的「扇」。這是以眞實又動人的方式展示出色彩。色彩經過設計，每種色度都會強化鄰近的色度，同時又保留它自身的光輝。

你會不知不覺將某些色度從這種展示中孤立出來。只有在選擇完成後，才會體認到有主色存在，主色就是「時尚」的色彩。

如此，時裝系列的氣氛開始形成。

忽然，你的注意力會集中在某種類型的材料上，每種質料都比前一種更加美妙，讓人非常渴望去使用它。在這個時刻，你必須能夠抗拒誘惑，避免落入太美麗的材料的陷阱中。材料是那麼美，時常不可能去使用它。

不知不覺地，排除法在進行著，最後選擇好了，就開始想到衣服。

季節決定大自然的節奏；新衣服必須很自然地大放異采，就像蘋果樹上的花兒，但是跟大自然的情況不同的是，當時序還是春天的時候，就要想到冬天，當天氣才要開始變冷時，就要想到春天。但是，這種情況不久就成爲我們的第二自然。時尚來自一個夢，而夢是逃離現實。在一個炎熱的夏日想像凜冽的冬天早晨，是很令人愉快的事。當樹葉在掉落時，記起一座春天的花園，令我感到快樂。

我聽說有人建議把服裝設計師聚集在一起，決定新時尚的趨勢。這樣建議的人可能完全不知道時尚是什麼？時尚又如何創造出來？他們怎麼會認爲，這些完全不同的人以不同的方式工作，卻可能對於如此超越時代的單一主題持相同的見解？這會是完全違悖「時尚」與「服裝設計」的精神的。如果置身在一種沒有機會發揮想像力的氣氛中，又如何可能進行獨創性的設計？

你們必須了解我們的工作祕密，而此一祕密正是我們的行業的一部分。如果沒有它，就無法達到新境地。

「新奇」精神是時尚的精髓。如果將最新的風格事先呈現，那就不再是新的風格，將會失去其吸引力。請不要忘記「模仿」的問題。我們的觀念時常被人盜用，不是嗎？

模仿者的耳朵總是警戒著，準備偷聽不謹慎顯露出來的祕密，他們對我們造成相當的傷害。我們必須採取每種預防措施，避免被人仿冒，因爲時裝公司不僅是個幻想的世界，它尤其是一種商業，必須管理與記帳。在衣服的縫紉和裝飾的背後隱藏著會說話的數字。

但我們還是回到時尚的問題。時尚如何誕生？是什麼因素促成的呢？有人會在旅程中尋求，有人會回家去思考，又有人則藉由檢視材料的樣品而尋求。

無論如何，有人對我說，每個季節的時尚中都有某種「精神」存在。其實是大衆創造了這種精神。這種精神由幾種因素構成。第一個因素是當時的氣氛——世界正在發生的事；第二個因素是邏輯；第三個因素是機會；第四個因素是雜誌所做的選擇。

在每個時裝系列和每個季節所推出的大量想法之中，只有那些獲得成功以及因爲獲得成功而構成新時尚的想法才會爲人所記得。

我們有多少次指望著一種款式造成轟動，結果卻看到它爲人所忽略，令我們感到很失望！無疑的，理由是時機不正確。

這些不爲人注意的想法在一兩個季節之後再出現。這一次，這些想法會很有力——沒有人知道原因。它們吻合當時的氣氛，只有在當時才會流行。

簡而言之，謀事在服裝設計師，成事在女人——時常由雜誌提供助力或指引。在每一季中，雜誌會從提供的樣衣中選擇需要的款式。這些被選中的款式經過翻版，做爲範例提供給廣大的大衆。有趣的是，幾乎總是同樣的款式被使用於不同的雜誌中做爲例證。

在這些款式中，只有一些款式由一些公司所提供的款式，透露出新奇的成分。它們由整個服裝設計企業界加以更新、改正、誇張、強化、扭曲，會在下一季成爲每個人的時尚，所保留的要點有時可能只是緊身女上衣的剪裁、鈕扣洞的位置、繫圍巾的方式、領口的款式、裙子的豐滿度。這些就足夠彰顯出新季節的時尚——顧客會從時裝系列中加以選擇。有些款式會吸引注意力，它們會成為「當紅」的女裝。對於服裝設計師而言，它們是一種非常寶貴的準則。

這些衣服可能是下一個時裝系列的出發點，除非它們的成功成為對它們的處罰。我們很厭倦看到它們時常遭人抄襲，終至再也無法忍受它們的基本本質。如此會導致我們在下一個時裝系列中發展出一種相反的流行風尚。香奈兒曾說，抄襲是對成功的懲罰，但是，甚至最成功的款式如果被抄襲過分，就不再會讓我們感興趣。一旦時尚廣為流行，成為一般的風尚，就自然變成非時尚。

當時的氣氛是一種基本上無可觸摸的因素，但也是一種很重要的因素。一部戲的成功、一場舞會的光輝、一個政治事件、一個女人的個人優雅、一場展覽會、一個高貴人物的造訪——任何的這些事情在一個知道如何觀察的人看來，都能夠說明並預示一種時尚。而且因為每位設計師不同的個性，我們可以從同樣的題材中獲得不同的結論。

最後，還有不可預測的因素存在，即在製作時裝系列時所發生的意外，諸如裙子穿錯、剪裁不好看、不經意出現某種裁樣——一些沒有預期到、無心以及有時若

服裝秀裡被選中的款式，只會保留某些要點，如：鈕扣洞的位置、領口的款式……，其他設計都可能被加以更新、改正、強化或扭曲。

有神助的動作，設計師的眼睛想必知道如何在頃刻間加以捕捉及利用。

既然知道有多少十分不同的因素形塑成一種時尚，那麼又有誰可能相信我們所有的人在三個月前就事先集思廣益、決定了將來的時尚？

請相信我（我是在談到那些配稱得上「女裝設計師」的人），我們全都在工作中希望做些十分不同於其他人的事情，在沒有人幫助的情況下創造出下一次的時尚，讓人們只接受我們的時尚。我們必須以這種方式工作。

當然，我不是在談那些很低賤的人，他們會利用訊息的漏洞，也不是在談那些很懶惰的人，他們會使用或抄襲前一季其他人的創造。

總結說來，不可否認的，女裝裁縫業的藝術中存有一種邏輯，某部分說明了新時尚的神祕。

所有的這一切，一年有兩次使得巴黎時尚成爲整個世界的時尚。

但是，其中的準備工作融合了多少的努力、焦慮與熱心，有多少小小的戲劇在其中演出！我要試著來說明：一旦布料選擇好之後，時裝系列是如何完成的？當然，我只能根據自己個人的經驗來談。

完成時裝系列的方式不只一種，而是很多種，就像時裝公司有很多間。這個行業的美妙之處在於：達到目標的方式數以千計，一個人必須藉著嘗試錯誤，藉著經驗，來發現自己個人的工作方法。

就我而言，我只能在一種平靜又休憩的氣氛中開始工作。在藉著短期旅行來振作精神、掙脫前一個時裝系列的工作之後，我會在一個安靜的地方安頓下來，如果可能的話，安頓在一個沒有明顯特性的地方，甚至一個有點乏味的地方。我隨心所欲打發時間，忘掉巴黎，忘掉時裝公司的所有喧囂。

當我躺在床上、浴缸（浸於其中）時，以及在散步時，在沒有強迫自己的情況下，在沒有刻意追求的情況下，靈感會很自然出現在腦海。在不活動的狀態下，想法會出現，我的工作會成形。

在這樣的放假日子裡，我的口袋塞滿了筆記本，在桌布、飯店帳單上記下無數的東西。我總是準備著一大堆鉛筆，還有削鉛筆機和橡皮擦（我不會使用自來水筆，更不會使用原子筆）。

夜晚的時候我會醒過來，草草寫下什麼東西，又去睡覺，繼續做夢——爲女裝所縈繞的夢。漸漸地，某一個剪影的圖像形成了，最初很不清楚。我並不去探究它是不是前一個時裝系列的反作用，是不是屬於同一種類。我畫出自己滿意的東西、心中想到的東西、我所喜歡的東西。這才是要緊的事。

經由一張接著一張的草圖，藉由一次接著一次的實驗，漸漸地，這種模糊的剪影變得更加清楚，呈現出特性來。一次的修正導致另一次的修正，接著是一種新觀念出現。這還不包括一些奇妙的意外草圖，它們讓你看出「亂畫」時的思緒，且你必須知道如何善加利用它。

也許，機會畢竟不會在其中扮演很重大的角色；也許一個人的心智在等候著最細微的暗示。我已在自己的女裝——由格魯奧（Gruau）或爾力克遜（Ericson）所畫——之中發現了新的東西。這些女裝強調了我不曾認爲重要的要點。

你會想到一種暗示某種線條的材料。你會想像自己所知道或讚賞的一個女人——在一場舞會中，在家中、在「麗池」酒店或在「馬克沁」的工作坊中，在巴黎，在紐約，在威尼斯。

你看到這個女人穿著一件正是爲了她、爲了她的風格而縫製的禮服，於是，你從夢境走向現實。時裝系列開始要展現出來了。

在停頓了幾天之後，我將這些草草記下的東西完全修正。此時所需要的是清明的眼光！嶄新的眼光！重複的情況一定會出現，一定會不由自主地回想過去的時裝系列。從所留下來的東西中會十分自然地出現新的主題，出現最爲人喜愛的想法：新的方向。

一個時裝系列必須建立在相當少數的想法上——最多十二種。你必須知道如何將這些想法加以修改，從其中儘可能獲得一切，明確地說出來，加以強化。整個時裝系列是從這十個或十二個想法中建構出來的。

然後，在最多三、四天中，我把圖畫出來，這次是很小心地構思出來。我詳細說明材料，描繪各種類型的衣服，從簡單樸素的衣服到晚禮服。服裝系列必須完整又均衡。

所繪的圖事實上只是工作的基礎。我使用它來引導起始的步驟。這是想法的第一次具體化，但並不可能進一步完成基本的形式。

此時就要開始製作服裝系列了。輪到工作坊來進行了。我的三位不可或缺的珍貴同事布列卡夫人、瑪格麗特夫人和雷蒙德夫人開始參與了。

布列卡夫人在所有的流行時尚中保持個人的風格，是不可模仿的（試圖模仿也很危險）。她在最佳女裝裁縫的傳統中成長，只有興趣於女裝方面的事情以及一種獨特的生活方式，永不妥協，只接受最佳的狀態。

就算時代的考驗很嚴峻，她也不會去理會，遇到困擾時，她並不會受到影響。她的心情，她的極端行為，她的缺點，她進入房間的模樣，她的延遲出現，她的戲劇性風格，她的言談方式，她的非正統衣服特色，她的珠寶，簡而言之，她的外表，給人的印象是絕對的優雅，是時尚公司所需要的，而當時大部分人都只滿足於幾近完美的狀態。只要她人在就足夠了。她擅長的項目是帽子，在這方面，她那強烈的時尚感發揮了奇妙的效果。

瑪格麗特夫人提供想法給工作坊，像是擁有魔杖，把我的想法轉變成衣服。她確實可以稱之為「時尚貴婦」。她是所從事的行業的化身，透露其熱情、溫柔、強烈、矛盾的特性；她就代表職業的良心。我們可以說，她把別人在做愛中所表現的一切表現在製作女裝之中。很幸運的是，她也不去理會當時的艱難考驗。她把時尚視爲一種具有絕對力量的偶像，一種必須加以服從的偶像。

雷蒙德夫人的品味很明確，她那藍色的眼睛透露愉快的神色，表現得像魔術師一樣鎮靜，性情很是安詳。她安排一切，卻沒有人注意到。由於她的緣故，我不知有任何困難的存在。她承擔起我的憂慮，日夜提供我所需要的鎮靜心情。她確實是我的守護天使。

我們這四個人一起討論成堆的草圖。我們判斷、衡量、檢視、傾聽、討論。瑪格麗特夫人喜歡某張草圖，布列卡夫人較喜歡另一張草圖的線條，雷蒙德夫人則採取兩者之間折衷的態度。我注意她們的所有反應情況，確定了自己的見解，最後決定了大約六十幅樣本草圖，是做爲時裝系列之基礎的大約十個主題的一些變奏。就像音樂家創作交響樂一樣，我自動把主題限制在最低的數目上。只有強調這些主題，我才能創造並完成一種時尚。

我的旅程中一個階段結束了。一條長路仍然在我面前展開，蜿蜒著，充滿蛇蠍，有小徑交叉，可能把我岔開。

此時我面對實現計畫的問題，必須將問題解決。爲了尋找解決方法，我會去發現無數可喜、令人失望或令人驚奇的事情，包括經常性的建構與解構、設計、再考慮、改變，有時甚至排斥。

製作部門之前，
的服裝草圖
要一遍又一遍的檢視。

瑪格麗特夫人拿了草圖，交給工作坊的男領班與女領班。草圖的分配是取決於每個人的特長與品味。我們知道奧古斯姐喜愛整齊的女裝，會製作很好的女裝；季歐妮喜愛沉迷於大堆的材料中，因爲她知道自己將會得意地發現解決之道；珍妮是巧織之后；朱莉恩能夠做裁樣工作，同時又讓材料保存所有的「生命」，無人能出其右；沙父華多在古典的衣服訂作方面無與倫比，而安東尼奧喜歡較不正式的服裝。

我們全都盡力去做我們最有感受的事情。我無法詳細談到整個工作坊，但是我卻感覺到，每個工作坊都像藝術家，有了他們，我才能完成所從事的計畫。那是多麼偉大的計畫啊！

讓一七五項「品目」所構成的時裝系列具有生命，是意味著展示了一七五件衣服，加上伴隨著這些衣服的大衣或短上衣。因此，要創造出大約二二〇種款式。還有幾乎同樣多的帽子，更不用說手套、鞋子、珠寶以及手提袋，都是經過特別設計的。

必須想到新髮型，因爲頭髮有助於支撐帽子，或者就無邊便帽款式而言，頭髮是很謹愼地隱藏在便帽下面。頭髮會改變頭部的大小、臉孔的形狀。由於它會改變比例，所以必須符合人們希望達到的輪廓。

必須在六、七週之中想到、實現、重新安排、完成這一切。每一天，甚至每一小時都很重要，而每一天、每一小時都以一種快速又無法控制的速度消失。一分鐘都不能浪費。因此，草圖要送到那些提供眞實狀態與生命的人身上。

除了這種授權之外，還要加上很多詳細的說明，說明布料與剪裁的特性。我也必須說出穿衣服的時間與方法，也必須談到可能訂購衣服的顧客。

「女領班」必須了解整個時裝系列的基本氣氛，也要了解自己必須如何表達這種氣氛。她必須確實知道每件衣服代表什麼，知道它的個別特性以及其設計的外在特色。

有時，我陷在困境之中。例如，在一九五一年的一月，我想著：今年是一九五一年，不是一九四七年。時裝系列是在戰爭的聲音和有關原子彈的談論中創造出來，必須顯得很明智，不是很「瘋狂」。

我設計了一件薄紗晚禮服，給了擅長製作莊嚴場合衣服的「女領班」。她認爲這次的設計在豐滿度方面太保守。她習慣使用五百碼薄紗，每天都拿給我一種布樣，堆滿在工作室中。我不顧她流淚，每天都剪掉一片，直到有一天早晨衣服終於達到我想要的寬度。

有時我必須說明一件衣服所必須創造的詩意氣氛。對我而言特別重要的一件事是：讓「女領班」了解這件衣服的精神。我眞的認爲，除了加諸衣服的心血所傳達的意義外，衣服一定擁有一個靈魂，且一定會表達出來。

所以，很多對時尚很陌生的人會來參加我的一次展示會，會很喜歡它，好像那是一齣戲。有些晚禮服以名人命名，包括華格納、德布西、理查·史特勞斯、亨利·騷古特、普朗克（Poulenc①），以及G·奧利克，其方式很巧妙，讓觀衆想起作曲家的音樂。

藝術作品能夠爲設計師提供靈感。它們並不是眞正會幫助我發現衣服的輪廓，但卻能滿足我，讓我有信心。我喜歡在所做的事情中發現藝術作品的迴響。

凡是人類的雙手所創造的東西都會表達出什麼來——尤其是創造者的個性。衣服也是如此。但是很多人都在從事衣服的製作，所以眞正的工作其實是：讓所有剪裁、縫製、試穿以及鑲邊的雙手表達我所有的感覺。在這個行業之中，品味是一切，我必須考慮每位工作者在不同層面上的個性。工作者在每一片縫邊中都灌注了一點自己的心靈。

「女領班」將此稱爲「我的衣服」。她的助理將此稱爲「我的衣服」。我也將此稱爲「我的衣服」。直到有一天，「我的衣服」被複製給一位顧客，成爲「你的衣服」。然後，衣服離開了工作室，進入世界之中。在機器的時代中，時尚已經成爲人性、個人以及個別因素的最後避難所之一。

「女領班」獲得了指示與草圖（不知是什麼原因，女裝裁縫的語言堅稱「草圖」爲「小小的雕刻」），想必有所了解與感受，在「女助理」的幫助下將指示與

---

① Poulenc，法國鋼琴家、作曲家。

草圖分給女工作人員，並加以說明，心中記得她們的偏愛與技巧。

此時我們到達了「製造」的階段。就在這個階段及其驚奇與失望之中，「場景」就開始了。要經歷多少的不幸、多少的考驗，才能達到滿意的地步啊！

「女領班」剪裁布樣，在木製模型上試穿，以假縫的方式縫製。她很認眞地工作，盡最大的能力，然後在工作室中呈現出來。

其成果是熱心的表現——或失望的感覺。

布樣在我面前出現，包括線條、豐滿度、陰影、重點。我會針對其中一種布樣立刻說道：「這是我最喜歡的一種，我所喜愛的一種，我極爲喜愛的一種！時裝系列中至少會有一件很好的衣服，我將根據這一件的線條製作所有的衣服！」

我會針對其中另一種布樣說道：「這一種很可怕！看起來像抹布！我無法忍受看到它，把它燒了！」

還有第三類——具有潛力的款式。我會看著它很長久的時間，從每個方向加以檢視，尋覓著……忽然之間，我以各種方式拉扯著、轉動著、披在身上。一件裙子變成一個袖子，一件上衣打了結，變成一條圍巾。這是一件長大衣——縮小了，不再是大衣，而是短上衣。完全改變之後，它的命運有一段時間會處於可疑的狀態中。一旦爲人所接受，它就在時裝系列之中占有新地位。

在接待室中，時裝模特兒走動著、昂首闊步、轉動身體、扭動著，盡可能賦予「新生兒」生命。

無法討好的袖子就從一種款式中扯掉。在一張椅子上棲息著另一種布樣的袖子，被遺棄在那裡。然後這個袖子被抓起來，去取代被扯掉的袖子。然後，有人試一試另一個領口，把它縮小或加長，加上去或剪掉。

這就是所謂的試驗「效果」。

布料拿來了——特徵顯著、很光滑、很輕巧或很沉重。一件件布料被拿起、丟在一邊、再被拿起、攤開來、丟下去。激動的心情成長，每個人都參與。有人建議深藍，然後建議灰色。

我們問「女領班」的意見，她猶疑不決，覺得必須做決定，就建議某種顏色。我們會不管她的意見，問時裝模特兒意見，然後又問學徒意見。忽然，每個人都同意說，衣服「如以黑毛料縫製會很棒」。

我必須從所要求的十件、十五件或二十件布料中選出完全正確的材料，這並非容易的工作。我必須從很多色度中選出精確的一種。

我必須去觸碰材料，用手衡量，愛撫著，以了解是否可以形成我所想要的樣子，我必須分析它順著或逆著曲線或斜線時的反應；我必須研究它的重量、暖和度，確定它不會「形成凹痕」。如果它必須搭配另一種布料，就必須與相配的材料加以比較，看看是否匹配得很好、顏色是否融合。我無法告訴你們黑色、藍色、灰色或米色有多少色度。

爲了使兩種藍色或兩種灰色相配，有時需要對十幾種材料一試再試。然而，有時甚至在提供給我們的大量選擇之中，我們也無法發現所需要的色度，必須請人把所需要的色度送來。「撮合的人」可能必須跑遍巴黎，造訪二、三十間公司，從最有名到最最寒酸的公司，希望能找到——譬如說——那種似乎很平常的深藍色。

我的四周爲喋喋之聲、喊叫聲、問題與反駁等含糊不清的聲音所包圍，必須保持冷靜。只要最細微的新衣成形，我就必須抓住它。我必須去發現那片會毀了款式的成功機會的半隱藏布料。最重要的是，我必須去發現有修復作用的線條。

最後，布樣獲得同意了。光只一種很好的布樣就可以製作出五、六種款式，也就是說，日裝、晚、晨裝、午裝可以根據同樣的原則製作出來。

雷蒙德夫人打開很大的筆記本，寫下「款式第X號」，迅速畫了草圖，讓衣服正式成爲時裝系列的一部分。

我們決定由哪位模特兒來穿哪件衣服。每位模特兒的個性決定她所要穿的款式。工作坊中所有模特兒的名字都寫在一塊大黑板上。每個人都知道柯蕾拉最適合穿晚服，艾倫穿苗條的衣服最完美無瑕，柯勞黛穿青春又鼓脹的裙子最能顯示效果。當然，我希望某些模特兒穿我最喜歡的衣服，也就是我認爲應該最爲成功的衣服。有很長的時間，我的頂尖模特兒是宋妮亞（Sonia）。她模樣很迷人，有特殊氣質——而且她的姿態多麼美妙啊！她穿上第一套衣服就能夠迷倒觀眾。

爲了讓服裝表演具有一致性，每一位模特兒必須穿大約同樣數目的衣服——晚裝、晨裝、午裝。每人大約穿十八至二十種款式。

經過思考和談論之後，我時常爲自己預留一個晚上的時間。最後，我們決定朱麗亞（Julia）是穿款式第九十一號的最適當人選。然後，根據巴黎服裝設計迷人的古老傳統，這個款式就獲得一個名字，不是一個號碼。我把它命名爲「惡棍」、「親愛的」或「窮奢極欲」。所選擇的主題、創造主題的環境、偶發事件、迷信的想法，尤其是衣服給人的印象，全都可能爲款式提供名字。一旦給了名字，無論它多麼不具啓發作用，都沒有人會忘記它。

在每間服裝設計公司中，人們都喜歡記得「戀愛中的仕女」這個很風行的名字，或者記得「小丑」這個名字，它在三季之前都獲得成功。人們有一段長時間一直談著這些名字，就好像它們是已經離開公司的紅模特兒。

款式寫在一張大黑板上，就像教室中的黑板，此時變成時裝系列的一部分。一

我們會根據模特兒的個性選擇適合她們演繹的服裝款式。

旦黑板寫滿了，我經常會端詳著名單，重新安排，並且一定會把名單加長。

在開始進行時裝系列之前，我們會建議一份理想的名單：十件訂製裝、二十件市鎮裝、二十件午裝、十件正式的全套裝、雞尾酒會禮服、舞會禮服。一切都加以分類、衡量、判斷，以便製作符合每一類型女人的需求的理想時裝系列。我們決定色彩明亮的款式的數目、印花布裝的數目、絲衣或毛衣的數目。我們決定黑色與藍色的量，奇怪式樣與簡單式樣的量。

很不幸地，這種美好的計畫經常會受到挫折。以靈感和機會爲基礎的工作是很難控制的。我經常再三考慮，強迫自己抗拒誘惑，不去嘗試一種新布料或製作另一件晚服。只要靈感支配著服裝設計工作室，數字也必須支配著工作坊，這是好現象。如果製作時裝系列而沒有事先想好計畫，則會以混亂收場，與眞實的生活脫節。

我不信任太多的自由，我害怕放縱狀態，因爲它時常導致枯燥無味的情況。畫家所冒的險也許只是失去畫布和牛排，但如果我製作一個不均衡的時裝系列，則是以九百個人的生計爲賭注。況且我也不會喜歡這樣的時裝系列。它會是很虛假的，而我太喜歡眞實了。設計師爲了自得其樂而搓揉、扯裂幾碼的布料——這種想法不可思議。也許，有些設計師在較富裕的時代認爲這是很正常的事。

那種情緒化的行爲太容易、太花錢了。我也不相信太容易的事情。詩人受制於規則、建築家必須處理實際的問題，但卻不會阻礙靈感的出現。其實，這些規則和問題會開發靈感且避免浪費靈感。

我的時裝系列仍然給予人「自由」、「豐富」有時甚至「過分」的印象。爲了製作出一組有意義的設計，我經常設計出比自己的預期更多的款式。我的時裝系列中有太多的款式，因爲我必須在「自己的想像力」和「成功的金錢計畫」之間取得平衡。我歸功於縫製和刺繡的人員。我有責任在每一季善加利用這些神奇的助手爲我做我想做的事情。

我要維持一個很大的工作坊。有年輕人需要鼓勵，還有刺繡的人員，他們的工作很美妙，我無法放棄，再來就是蕾絲、錦緞與印花布！在這一切的背後隱藏著藝術家、製作者、企業以及依賴設計師的所有城市。每一次有價值的努力都配得上我的時裝系列中的一種款式。縱使我在某一季比較不喜歡一種布料或者一種刺繡，我還是要給它一個機會。今天我想要燒掉的東西，明天我可能會瘋狂地想要它。

現在回來談我所選出、交給「女領班」的底布。

一旦款式明確地決定了，就將它剪裁出來。此時我們就像置身在一部戲劇之中。第一次的試衣幾乎總是令人失望。底布不僅是一種輪廓，也是一種準確的輪廓。就最終的衣服而言，試衣就像蛹之於蝶。原料與剪刀主其事。我必須贏得與現實的戰爭，從一塊大理石之中刻出一座雕像。

從此時之後，我們的心情會迅速改變，從恭賀轉變成流淚，從親吻轉變成發怒，從侮辱轉變成和解。我通常稱呼「女領班」爲「我的親愛的」或「我的小李歐妮」，此時她們突然高升爲「夫人」，好像我們在一齣古典悲劇中扮演角色。這齣女裝戲時常以一句話做爲結束，「走開啊，夫人。妳應該爲自己感到羞愧。」

我必須承認，有時要歸罪於布料的質地很韌。讓人充滿希望的底布，會變成令人失望的衣服。我必須重新剪裁，或者尋找別的底布。

有時，在第一次嘗試時，我會說，「很不錯」，但是這種情況很少。沒有親身經歷的人無法了解，創造最簡單的東西是多麼難上加難，特別是如果是新的東西。我會改變、撕毀、修改，不去算一算有什麼東西曾在工作室中撕毀又重新來過十次之多。我必須更改、加長、改變細節或者完全重新來過。

在最先的款式試好且終於決定之後，時裝系列的其餘部分似乎就容易多了。我感覺好像站在堅固的土地上。我將那些已經通過考驗的特點結合在一起，根據已確定的原則裁樣。但是，很多事情總是會強迫我把似乎很正確的東西加以改變。我感覺像潘妮洛普（Penelope），在夜晚時把白天所織的布拆掉。

彩排是改變
我裙子的最後機會了。

我不顧一切進行下去，認為有足夠的好衣服做為重複的基礎。這些衣服是時裝秀最先確定的項目。模特兒能夠穿上一些微微令人滿意的衣服。此時，我們的觀點又會改變。接待室的整個氣氛會不一樣。我必須在什麼地方加寬，什麼地方縮減，加一個口袋，取消一個摺層。尤其是，我必須進行簡化的工作。我必須確立一切，強調新聞界所謂的「輪廓」。

新聞界總是在我公開之前的兩個星期追著我問消息，想要知道我自己時常也不知道的事情。我試著回答他們，不去洩露任何事情。有時我甚至欺騙他們——五一年的時裝系列就是這樣。我對一位太愛追根究柢的記者說，「女人將把大腿穿在她們肩上。」沒有人想到我是指雞腿袖子。

在重複的預習之後，時裝系列開始出現、成形，但是要到公開前的十天才會開始看起來像眞正的樣子。除了顏色的特徵外，有些必要的款式會在最後的時刻加上去。

我會忽然看出，並沒有足夠的女用內衣或足夠驚人的款式登在雜誌上——我們稱之爲「特拉法加（Trafalgars[②]）」。我覺得必須加上一件紅衣服。我回顧我的最後時裝系列的概括印象。「天使小孩」賣得很好，今年沒有後繼者，我必須去發現一種後繼者。我忽然想到，我沒有爲像X夫人這樣的顧客製作足夠的款式。在不犧牲任何東西、不削弱生意的情況下，我努力爲所有的女人設計衣服，無論瘦、胖、年輕、較不年輕、單純、招搖、嚴肅以及輕浮。

我有足夠的刺繡衣嗎？刺繡還沒有完成。我交待刺繡人員在三天之中做三個星期的工作。

一次危機出現了。「雷蒙德夫人，我們並沒有訂購鈕扣，就是縫在一種叫『堂

② Trafalgars，英國納爾遜將軍擊敗法國艦隊的地方。

皇的希倫姆』的女裝上的鈕扣。」我匆匆忙忙從一個抽屜櫃子中取出一千個鈕扣。我必須選出一種正確的鈕扣。

然後輪到一種叫「大獎」的衣服風行。我必須爲它選出一款搭配的皮帶。我要一種經典皮帶，不是很離奇的皮帶，但是，是什麼呢？皮帶的款式有一百五十種。「雷蒙德夫人，這是我爲『雷普利曼衣服』所選的一種，會很適合。」然後雷蒙德夫人，建議用鹿皮或擦亮的皮來製作。「我要海豹皮，要這種特殊的深藍色。」雷蒙德夫人會設法取得正確的東西。

我的高個子「女領班」安娜夫人走進房間，發出沙沙聲。「抱歉，『羅色蒙』的後半部與前半部不合。」在製作時裝系列期間，我經常聽到這樣的話，意思是說，兩片同樣的布料顏色與質地稍微不同。不內行的人也許不會注意到，但我卻無法接受。我必須用第二塊布料重新剪裁整件衣服。疲倦、容易生氣的模特兒會流淚。我努力要保持鎮靜。

巴比爾還沒有送花來。「打電話給他的代理瑪德琳。」她到達了，結果被痛責一頓。在從事這行業的五十年之中，她什麼都見過。她知道，一旦花終於送到了，我們全都會鎮靜下來。她知道我們喜歡她，而她的驚慌就像我們的生氣，全是假裝的，但是我們必須按照規則玩遊戲。

一位助手送進來，氣喘吁吁。「沒有足夠的布料完成安妮特夫人的衣服。」我打電話給布利維。「我必須要有一百五十碼的亮綠薄紗。」

「沒有這種薄紗了，」布利維回答。「更糟的是，我們必須在一日之中染成。」

正當半裸的李麗安在展示衣服的一個片段時，一個留著鬍子的推銷員在門口探頭。從此以後，事情就被糟蹋了。一場爭吵出現了。我很生氣，然後又忽然笑出來。

布利卡德夫人走進來，穿著工作服，戴著珠寶、帽子以及一小片面紗。她展示新帽子，看一看我正在縫製的衣服。她可能喜歡，也可能不喜歡。她脫衣，自己穿上衣服，扭動袖子，把前面的部分放在後面，把裙子弄成一個褶蓬，打開領口，效果很棒。加上一片毛飾品，我就有另一件衣服了。

我所有的布料在原來的草圖中都是很美妙的，但一旦剪裁、縫製，就會變成不成形的布料，一直到第一次試穿之前都是如此。然後我會重新裁樣，直到我發現了原來所喜歡的柔軟與雅致特性。

瑪格麗特夫人本來要放棄了。我變得不耐煩了。但一件不錯的衣服出現了。「可眞是一幅畫！」在女裝業的行話中，這意味著完美、恭喜、好極了。我們彼此親吻。模特兒繞著房間昂首闊步。「女領班」走出去，顯得很高興。

另一位模特兒走進來，很生氣。她的衣服被取消了。雷蒙德夫人很有手腕，開始安撫她，擦乾她的眼淚，恢復原來的情況。如果你四周圍繞著一群有才華的人，就很可能經常會出現傷害感情的情況，造成不可預知的困擾。可眞是爲小事而忙亂啊！

最後的時間來臨時，我心中會有一種奇異的感覺——一事無成，時裝系列裡一件衣服也沒有。瑪格麗特夫人不知道自己置身何處，布列卡夫人爲了帽子的事很生氣。

我想重新開始，從新的方向開始。我在很久（至少幾個星期）以前所決定的衣服，已經看起來很過時了。我厭倦這些衣服。我需要很大的意志力才不至於屈服於沮喪與疲倦的雙重衝擊。所幸，公開的日期已經決定。要不是因爲被日期所綁住，我不認爲設計師們會秀出他們的時裝系列。他們充滿了懷疑與焦慮，總是會重新來過。

最後的預演終於使得興奮之情宣告結束。我選了珠寶，把它們跟正確的衣服放在一起。我的忠實朋友和顧問爾提尼．德．波蒙伯爵（Count Etienne de Beaumont）主持挑選的工作，因爲珠寶是在他的指導之下製作的。他建議紅寶石搭配白衣服，翡翠搭配淺藍衣服。他投入寶石海之中，寶石飛濺，喚醒寶石的生命，然後像彗星一樣，在身後留下閃耀的餘波。他對於時裝系列表現得很狂熱，就像他狂熱於舞廳的歡樂氣氛。他把生命視爲芭蕾舞，所有最漂亮的女人都在裡面跳舞——從浪漫的時代到我們的時代。

珠寶之後就是手套、圍巾、手帕——任何一項都會使得微微僵硬的衣服變得亮麗。我在某個地方加上一朵花，在另一個地方加上一片絲帶。我在手提包、雨傘、鞋子方面做決定。我又注意看著帽子。

最後，我們在展示的次序方面作了決定。

最後兩天在一種奇異的沉寂氣氛中度過。工作坊的所有人員專心於工作。我沒有時間緊張。這是暴風雨前的寧靜。

各個工作室一片安靜。顯然，沒有人有任何事可做。

經常會有最後一分鐘才決定的款式出現。也經常會有麻煩的衣服出現，我一定要解決。

我希望能夠逃之夭夭。

我希望有突然的災難出現——無論多麼可怕——使得時裝系列無法展示。此時，任何改變都太遲了。

我希望能夠死去。

在「大街」中，人們開始聚集在門口的近處。

我必須對接待室的裝飾投以最後一眼，看看是否每個人都置身於正確的地方，並對於裝飾品進行檢視。模特兒已經穿上第一件衣服，是在前夜送到她們的更衣室的。我打電話到工作室，要取得還在進行中的最後款式。古勞米最後輕輕拍著髮型。

這是我的決定性時刻。

十分鐘過去了。

要由我做出開門的信號。

展示會就要開始。

第三章

展示開始

儘管很緊張，我還是感覺到，所有的編輯和記者都在門的另一邊，秀出名片，努力要擠進來。艾米莉與費迪南維持秩序，只讓一小群人進來，這樣，他們在到達一樓時就很容易加以控制。一切都小心計畫，邀請多少客人就應該有多少座位。

盧靈夫人以及公關部門已經花了好幾天的時間，計畫座位方面的事宜；這就像戲院的首演之夜。《哈潑時尚》（Harper's Bazaar）的人員坐在長沙發上。《風尚》（Vogue）的人員坐在壁爐前的寶座。貝蒂娜·巴拉德（Bettina Ballard）和米歇爾·布倫霍夫（Michel de Brunhof）坐在特別的地方。《女性》（Fémina）的人員坐在他們對面。《官方》（L'Officiel）的人員占有視野不錯的角落，而海倫·拉查瑞夫（Hélène Lazareff）則置身於能夠看到一切的地方。《世界報》（Le Figaro）的人員所在的位置相當牢固。沃格爾與卡達古斯擠在一起，但他們很有禮貌地把前排的座位留給女士們。盧希安·佛蘭西斯（Lucien Francois）占了一個觀察據點。艾麗絲·恰華尼（Alice Chavane）緊守著暖氣機旁的地方。位置分第一排與第二排，第一接待室與第二接待室，大廳與樓梯間。每個人都有自己的位置，就像置身於一種無形的王國中。就算最細微的變化也會被認爲是一種侮辱。

斯諾夫人走進來，打扮得很光鮮，透露一種脫俗的模樣，但眼光卻很敏銳。貝蒂娜·巴拉德帶來了屬於兩個大陸的優雅氣息。瑪麗-露易絲·波斯奎坐下來，笑著，很是高興，向每個人問問題，並聊著最近的八卦消息。

樓梯也被人預訂，甚至不久就擠滿了人。樓梯平臺被堵住了。喃喃聲升高。雷蒙德夫人置身在接待室的一個角落，指揮著展示事宜，注視著眾人。最後她做了信號。

灰色緞子的幕簾拉開，第一位模特兒快速走進房間。每個人都坐下來，寂靜無聲。輪到新聞記者扮演角色了。

在每個展示房間的入口，都有一位「大聲叫著的人」（傳統用語），以英語和法語說出每個款式的名字與號碼。同時，模特兒在更衣室中匆匆穿上衣服、脫下衣服。

所有的模特兒都是忠於職守的成員，盡力演出，忘記前幾天累積的疲勞。她們發揮意志力，成功地完成工作：「留住」眾人。在時尚世界中，大眾最認識的人是模特兒。

是她們賦予服裝生命，增加服裝製作者的榮耀。你看到她們穿過展示房間，無意識地踮起趾尖旋轉身體，眼光緊盯在顧客的帽子上（她們必須總是稍微往上看，以便走出很好的步態），你會認爲她們高傲又冷漠。你忘記公開之前的試穿時刻、大步走來走去的時刻，這些都是必須的，但很累人。

你也能夠從她們身上獲得最好的結果。她們的競爭、性情表現、反覆無常、偏好——你必須把所有的這一切都記在心中；有的必須好言相勸，有的則必須責罵一番。她們既令人無法忍受卻又迷人，所以你才喜愛她們。

要是所有的這些衣服都必須掛在木製模型上，那麼，以生命和動態爲構成要素的時尚世界會變成什麼情況呢？我眞不敢去想像！

至於我，在第一次展示的那一天，更衣室就像地獄的入口，而對於大衆來說，它想必像是煙火施放的本源。我希望展示會提供類似的驚人效果。但我們還是回到模特兒的走秀吧！

雷蒙德夫人已經在靠近柱子的地方就位，柱子把一個鈴隱藏起來。這是表示每位模特兒要輪流站好，準備進場。服裝展示必須以生動有力的方式持續進行，否則觀衆會厭倦，失去興趣而開始談話。因此，我們無論如何必須避免模特兒進場的時間相隔很久（「等待」是更衣室監督人員的夢魘）。要達到這個目標需要費多大的勁啊！

請想像一間更衣室的空間是容納十二位模特兒，而裡面一共有三十個人：「女領班」、「女助手」、十二到十四位模特兒、兩位忙著的美髮師、負責配件的人員，加上兩百件衣服、手套、帽子、皮手套、洋傘、項鍊、鞋子。有些無法言喻的情景讓人想起馬克斯兄弟（Marx Brothers）的電影。

雷蒙德夫人猛烈地按鈴。眞可怕！耽擱了！芭芭拉找不到耳環。她拿到的手套不是她自己的。我把她推向門口，但是「女領班」看到她的裙子有一截絲線，必須把它刷掉。我跳向前去努力把她推進去，同時另一位模特兒對她不屑地上下打量著，努力要耽擱她出場的時間，破壞她進場的效果（她們喜愛對彼此做這種事）。

但是最惱人的時刻是在晚禮服方面。晚禮服從掛衣服的天花板取下來，因穿著裙襯而喘不過氣的模特兒無法勉強把晚禮服穿上。鈴又響了——快啊，快！匆忙與慌張的情況達到最高潮。我們把弄著項鍊，古勞米揮動著梳子，我把安娜推向前，她從這種混亂場面中泰然自若地出現。她的頭抬得很高，眼睛冷漠地凝視著，在毫無懷疑的觀衆面前完成了展示。

事實上，模特兒不應顯露出更衣室的那種狂熱氣息。她必須表現得好像擁有世界上所有的時間來使自己的美臻至完美的境地，好像她心中和我心中透露最強烈的鎭靜與安祥。如果走秀進行得有點晚——且在靜寂中進行，雖然我會努力控制焦慮之情，尤其是加以隱藏，但我還是承認，我會很焦慮。

我告訴自己說，靜寂意味著專注，但還是沒有用。我寧願聽到喝采！喝采會喚起希望。在這樣的時刻，我忘記時裝系列的商業前途。我只爲這最初的幾小時、這第一次的接觸、這第一次的成功而活。其餘的沒有什麼重要性。孩子誕生了；如要知道孩子是否漂亮，如要猜測他的未來，就等到明天吧！

時裝系列的最後一幕——新娘——進入展示間，對首夜的恐懼感再度攫住我。此時我自己必須出現了。喝采是應該那樣嗎？讚美的言詞是眞誠的嗎？我必須微笑，說「謝謝你們」，並彼此親吻。

時裝秀的最後一幕
我通常會安排婚紗展示。

我會想到不完美之處，想到本來可以加上去的衣服，想到沒有及時完成且自認最佳的款式。一個人怎麼可能對自己有把握呢？一個人怎麼可能滿足呢？一個人總是希望做得更好。

記者會是第一個考驗。

第二個考驗是買者的表現。買者專心於自己的工作及責任，批評能力發揮到最高程度——不會表現出熱心的跡象，不可能表示自己選了什麼衣服。她們很小心地表示贊同。她們的觀點顯然不同於新聞界批評家的觀點，因爲後者主要關心的事情是詮釋服裝設計師的目標，從一個時裝系列中取得盡可能多的吸引人的資料和上相的圖片，以便登載在雜誌上。

買者付費看時裝系列。這等於是他們爲了從公司買款式而預付金錢。費用很貴，在不內行的人看來可能很過分。但是所有這些買者都具有我所謂的「照相眼」特性。我不會說，她們能夠複製款式，但我要說，她們能夠在腦中保存款式方面的想法、形態及細節。

一旦她們買了一套衣服，就在腦中拷貝了十套衣服。

尤其有些買者會與她們的「女領班」一起來，「女領班」都有非凡的記憶力。展示會之後，她們會回來，花幾小時的時間觸碰、翻動、把玩、挑選款式。有時，這是純粹掠奪的行爲。裡子被扯出來，褶層被用刮鬍刀割下，袖子被翻轉出來。她們悠然分析套裝、衣服及其祕密，也分析材料的狀況等等。

謝天謝地，好在她們並非全是如此。她們越熟練，就越尊重美麗的衣服。她們對美麗的衣服表現出眞正的鑑賞家的思慮。她們知道，製作這種衣服需要灌注多少心血與感情。

買者時常在場所中待到深夜，讓女銷售員擔驚受怕。她們挑選、放棄、在清單中增加專案、減少項目、要求不同的材料。有時，我們必須堅守立場，因爲她們並非全都有很好的品味。她們將某套衣服的上衣結合另一套衣服的裙子，再加上另一套衣服的袖子，要以一套衣服的價錢購買三種想法。最後，在凌晨兩點鐘時，她們就約定隔天八點鐘再見！

她們無法滿足、不屈不撓，這是她們的工作。我們是生意人。她們以儘量合適的價錢購買；我們以儘量合適的價錢出售。在幾年的時光中，她們成爲我們親密又信賴的朋友。在下午大約五點鐘時，我們舉行自助餐會，有香檳與三明治，讓她們感覺賓至如歸。

有一年，我們甚至在展示室中慶祝其中一人的生日。知道此人生日的女銷售員訂了香檳以及點著蠟燭的蛋糕。慶祝會在夜晚十一點舉行，一切都透露友善又親密的氣氛。

就像對新聞界的情況一樣，我們對買者的「審查」也很嚴格。她們時常抱怨這一點，認爲我們的嚴格對她們是種侮辱。但是，我們必須採取每種可能的措施，以防她們拷貝。

開始時，被拷貝是榮譽的事。但是，我們必須記住，拷貝是偷竊，因爲現在拷貝已經商業化，而有組織的拷貝會導致全盤的盜竊。除了這種我們窮於防範的有組織的偷窺之外，還有所謂的擅自入場的拷貝者。

有一次，在一個記者會中，有一位藉由幕簾注視觀衆反應的「女領班」跑來警告我說，她在展示室中認出一位女裁縫師。這個女人正針對所展示的款式迅速描繪小小草圖。我怒不可遏，離開更衣室，抓住這個女人的手腕，把她帶到樓梯口，然後回來，很誇張地撕毀她的入場卡（我不知道她如何取得）以及所描繪的草圖。那個時刻，我氣得臉色發白。我的行動無疑是很匆促，但對拷貝的人而言，再怎麼樣的動作也不爲過。

嗯，這是某種時尚開啓之前的大概情況。關於我的時裝系列、我的感覺以及我的工作方法，我所告訴你們的一切都絕對是只涉及我個人。

我不認爲，任何兩個人會有相同的工作方法或相同的反應。我只爲自己而辯護。也許我表現出太強烈的熱情爲自己辯護，但是，如果我不喜愛自己的藝術，就不會有任何成就。你必須全心全意投入，凡是想成功的人無疑都是如此。

第四章

顧客

服裝設計師的顧客已經把「顧客」這個古老語詞原有的光彩歸還給它。存在於時尚公司及其顧客之間的關係，事實上是建立在相互的責任上，一者沒有另一者就無法存在。如果一個女人只在時尚的「邊境」購衣，不曾在訂做衣服的沙龍購衣，那麼她就不可能變得眞正地優雅。如果一位設計師只爲購買者和批發公司創作，不久他就會發現自己的靈感傾向商業化。顧客構成活生生的要素，就算沒有跟設計師本身有所接觸，至少跟時裝公司經常接觸。她們會提醒設計師說，女人穿衣是爲了趣味，不只是爲了遮蔽身體。只有男人才必須爲抗拒熱氣和冷氣而穿衣。

時尚公司對於顧客的第一個責任自然是爲她們製作可愛的衣服，但最重要是提供她們適合時代的「輪廓」。

也許你會以小仲馬（Alexandre Dumas）的話來回答我。小仲馬時常說，女人的衣服看起來不是像鐘，就是像陽傘。就「茶花女」而言，他的話也許是正確的，但就我們的時代而言並非如此。女性的「輪廓」每季都在改變，就像我們的習慣與思想。世界已經改變其步伐，也跟著改變了時尚。

服裝設計師爲顧客創造「輪廓」。但是時裝系列的整體輪廓由一百五十種到二百種款式來完成——分成早、中、晚三種款式——並非固定不變一如新車的形狀。外行人的眼光時常錯過，但是顧客從不會受騙。她們知道如何識別時尚的傾向，她們會本能地轉向那些具有新奇成分的款式，轉向那種會啓發明日衣服的今日衣服。她們所喜歡的衣服，我在會客室和飯店所接觸到的衣服、我在街上及雜誌和報紙上所看到的衣服，都是我很難忘的衣服。以前，這些衣服在我的時裝系列中只是款式而已，但基於我的顧客的緣故，它們具有了生命。它們會爲我的下一個時裝系列提供靈感。我可以毫不誇張地說，我的顧客就是與我合作的人。

顧客對於女裝裁縫師的責任何在呢？我不會說，前者是要爲後者買單！——因爲這是太陳腐的說法。顧客對於女裝裁縫師的責任是：選出那些會彰顯自己美好特色的衣服，因爲不適合她的衣服會損害公司的聲譽。

女人不應該說，衣服X或Y不適合她、不是她的風格，因爲在每個時裝系列之中都有適合每種女性美類型的衣服。她們只需要知道如何選擇衣服，知道自己的個性，知道如何照鏡子，在鏡子之中不是要看到自己想要成爲的女人的身影，而是要看到眞實的自己的身影。

我們幾乎不必說，所有的顧客都不相同，無論就性情或生理而言都是如此。然而，她們之中卻有很多人具備共同的特點，形成了某一種類型。我必須是像拉布魯耶（La Bruyère[①]）那樣的人，才可以一筆就勾勒出每一位美女，讓服裝設計師設

---

① La Bruyère，法國道德家，著有《性格》一書。

計出成功的衣服。

首先，有所謂的「女裝狂」的顧客。她們對於女裝有一種強烈的熱情，就像有些人沉迷於賭博。她們穿衣服既不是爲了丈夫或情人，也不是爲了讓女性朋友嫉妒。她只是喜愛看到時裝系列，然後進行選擇、試穿的工作。她們的心中儲存了所有的款式，默默記著，就像那些服裝女管理員一樣，只是沒有像她們那樣棒。我聽說里昂有一位喜歡坐火車的人，能夠背誦所有法國火車的時刻表，包括地方性的火車。「女裝狂」的女人能夠說出一頂帽子上有多少排草辮，或者說出一件格子花紋大衣上方格的數量。她們在夜晚睡覺時都想著隔一天所要訂的衣服，她們的夢境中都點綴著那些可能與奇妙衣服搭配的帽子。

她們一醒過來，就打電話要求跟女銷售員再約定一次時間，雖然也許已經約了五、六次了。「她們」的裁縫師（她們有野心要把裁縫師占爲己有）變成她們的顧問與指導。至於她們的女銷售員，她們是不能沒有她的，就像魯賓遜（Robinson Crusoe）不能沒有僕人「星期五」，或勞萊（Laurel）不能沒有哈台（Hardy）[2]。

更奇怪的是，她們是想像中的時尚女人，不是眞實的時尚女人，因爲對她們而言重要的是擁有衣服，試穿衣服，數一數衣櫥中的衣服，而不是穿上衣服。她們到底有沒有穿上那些衣服呢？我一點也不確定。她們所喜歡的事情是，想像自己在什麼情況下——有時是十分不眞實的情況下——可以穿上所喜愛的這些衣服，讓她們可以過著雙重生活。儲存衣服就足夠讓她們快樂了。她們無法十分滿足；如果丈夫或家人不爲她們踩煞車，她們會樂於毀了自己。但是，畢竟有誰會生她們的氣呢？我確實是不會的！

有一種顧客相當聲名狼藉：她們不曾感到滿足。無論她們多麼富有，無論她們花多少錢，女銷售員看到她們走近就會逃跑。女銷售員十分清楚，她自己會失去理性，也不會去滿足這種顧客，因爲這種顧客是永遠不會滿足的。我們可以說，事實上，這樣一種

各行各業都會遇到不同的顧客，服裝設計師也不例外。

② 勞萊與哈台是搭檔演出的諧星。

顧客之所以訂購衣服，只是爲了享受批評衣服的快樂。例如：如果她們有點胖，那麼她在看出自己所試穿的衣服沒有賦予她希薇（Sylvie[3]）的腰圍時，會感到非常驚奇。很不幸地，希薇的腰圍（十九吋）並不會跟著衣服一起出售！「這件衣服對我沒有什麼用」，她們會這樣說，因爲從第一次試穿衣服起，她們就開始想像衣服可能會帶來的改變，讓她們再度看起來像二十歲。就算試穿很滿意，她們也會說，布料不適合，款式並非原來的款式。當然，這並非事實。

有些顧客吹毛求疵的程度很嚴重，會算一算鑲嵌或珠寶裝飾的數目，確定所試穿的衣服上有同樣的數目。只要少一吋長的裝飾，就會取消訂購。難纏的顧客對於送貨一事也會表現得很不理性。她們在某日某時需要一件衣服，對此非常計較，好像要登陸諾曼第。工作室的人員必須熬夜，以便在某一分鐘送去衣服，但衣服卻可能要在後天才穿。

有一種顧客不知道自己想要的是什麼，表現得很仁慈，很有禮貌，急於要取悅每個人，但卻也會讓女銷售員感到失望。她們試穿了時裝系列中所有款式（只要她們穿得到），但卻猶疑不決，改變了十次心意後才做選擇。然後，她們把衣服的一切都改了——領口、材料、顏色，全都必須改變——但在第一次試穿後卻發覺自己畢竟是錯了，第一次所看到的款式會比較適合她們。

小規模的購買者是完美的顧客，她們知道自己的購買力，也不像前述的顧客，她們知道自己要什麼。她們一年來兩次，訂購兩、三件衣服，很快就付錢。女銷售員跟她們在一起很自在。我們非常清楚，一旦衣服送到。她們就會拿到一位小裁縫師那裡去拷貝，並把衣服借給一兩位要好的朋友。景氣很差，丈夫很吝嗇。女人必須盡力而爲。然後，這些顧客就算不是最優秀的，卻時常是最令人愉快的。

最後是所謂的「當代之后」。她們是我們的榮耀，我們的靈感，我們所捍衛的顧客，我們的對手嫉羨她們，我們喜愛她們、讚賞她們，她們是優雅的女人，眞正的「巴黎人」。無論她們是出生於波士頓、布宜諾斯艾利斯、倫敦、羅馬或者甚至最偏僻的鄉鎮。世界上有多少這樣的顧客呢？一百位嗎？十二位嗎？無論如何，很少。這樣的女人，無論到什麼地方，優雅的風度都留下像彗星一樣的餘波，她們有教養又脫俗（這是比「美」更珍貴的神仙資賦），再加上很多錢。

每個場合都有正確的服裝（「服裝 costume」一詞意味著從皮草到鞋子一應俱全），這在現在是很少見的。但是，只要一個女人知道如何穿衣服，就算不具有自己可能喜歡的一切，卻仍然能夠設法累積完美的衣服。她不必訂購大量的衣服，因

---

③ Sylvie，法國女演員。

爲她擁有風格。這些顧客所選擇的衣服有助於讓我看向未來。她們是我的觸鬚。她們實現我的夢想。

我想利用這個機會感謝她們，沒有她們就沒有服裝設計。

第五章

女銷售員

如果一個人想要滿足所有這些不同類型女人的矛盾要求，就必須具備很好的頭腦、冷靜的性情，以及精力。盧靈夫人以輕鬆的態度對待我的女銷售員。

接電話時或面對爭吵的場面時，蘇珊娜．盧靈從來不會顯得不知所措。由於她脾氣好，無論是在讓忙碌的女人等待的時候，還是決定要重新縫製不成功的裙子的時候（在我的行業中，後者這種情況有時也會發生）。

她的頭髮凌亂，眼睛明亮。她喜愛生命，這有助她忍受騷動與壓力。就算在最忙碌的季節，於凌晨大約兩點鐘忙完最後的顧客後，她也會跳著舞步跟著這些顧客走出去。巴黎必須符合其自身的「娛樂」名聲。早晨八點鐘時，她又在公司了，警戒著，生氣蓬勃，透露出勇氣與機智，顯得很迷人。

女銷售員們笑容可掬，甜言蜜語，由助手跟著，在樓梯上等著顧客。「夫人，妳好嗎？這個時裝系列之中有很多衣服適合身材嬌小的女人，妳是多麼苗條啊，眞棒。」女銷售員總是以同樣的語詞歡迎她們的顧客。女銷售員中有令人感到愉快的，也有很嚴肅的，還有的令人安心、很認眞、很傑出、很世故，或者格調很高甚至在賣一件衣服給巴西女人時，不會忘記假意的說：「巴西屬於我」。

在這種「微笑」柵欄的背後隱藏著公司的生意資源。很多無所事事的女人認爲，賣衣服就像買衣服一樣容易。其實賣衣服是只能習得的一種生意，需要心理學、勇氣和耐性。一個女人必須具有引導顧客的品味，必須知道顧客有多少錢，以及她過著什麼樣的生活。

相當有力量的林策勒夫人，是生產方面的領導人物，她在場幫助女銷售員。在銷售完成後，女銷售員必須追蹤衣服的製作。她必須確定布料送到工作室，布料要跟款式一樣，試穿要準時進行，衣服要在指定的時間送達。她要為顧客和公司兩方面負責。只要有一點疏忽，有人抱怨，她就要負責處理。她置身於魔鬼和藍色深海之間。

在服裝設計業之中，場面背後的生活不會比戲院中更美好。為了獲得成功，所有的工作人員，從最高階級到最低階級，從接待室到工作室，都必須全心全意投身工作之中。

這種職業也是一種生意。

第六章

認真做生意

非時裝世界中的人容易認爲，設計這一行是「瘋狂」、「白日夢」、「浪費金錢」和「輕浮」的結合。事實上，在香水、薄紗、模特兒和小裝飾品的背後卻隱藏著一種嚴肅的商業運作。最小片的布都會變成數位、圖表、加法與減法——數學。

我進行觀念的交易。我的營運人員必須銷售每一個季節的觀念庫存，讓成本與銷售額取得平衡。只要服裝設計師對於自己的所得無法感到自在，就無法享有自己所需要的靈感。時裝系列的成功取決於衣服的品質，但公司的商業部門必須控制銷售額，讓想法付諸實現，提供清晰的準確性以及商業洞察力，維持顧客的數目。

業務經理M．羅耶特（M. Rouet）要扮演這個特別微妙的角色。爲了把角色扮演好，他必須把商人的適應力結合藝術家的了解力；他必須知道如何讓別人對他又怕又愛；他必須在任何人對他提到「高風格」時立刻說到「錢」。

M．羅耶特把一種只是多變、不確定的事情轉變成一種可靠的生意，在這種生意中，沒有什麼事取決於偶然的機會。

服裝設計公司就像一個病人。你每天都必須爲它量體溫、測脈搏、量血壓、進行訂單分析。你的表現必須像醫生，什麼都疏忽不得，並且從不相信運氣。

所以，公司的生意情況顯示在一張圖表上，像溫度記錄表，掛在經理辦公室的牆上。有了這張表，他就能夠一眼看出自己的生意是否很健全。

M·羅耶特的體系運作得很完美，所以他能夠在一瞬間就回答最意外的問題。例如，他能夠說出我們在一年中某一個特殊的星期與澳洲之間的交易額。

我們的體系並非祕密，我就加以說明吧！我們有兩種顧客。我已經討論過的私人與商業顧客中，可各再分爲法國顧客與外國顧客。銷售曲線每一季在一大張畫線的紙上顯示出來。八月時，我看到曲線表示商業顧客增加。九月時，曲線又降下來，而私人顧客的曲線則上升。兩種曲線以不同的顏色標示出來。

如果數字沒有同時顯示出工作室的成本，那就沒有用。如果賣了很多衣服卻不去注意勞動成本，則失去意義。我們必須仔細計算勞動價格與銷售價格之

經營公司就像照顧病人，必須時時注意它的身體狀況，記錄並分析。Dior 公司業務經理辦公室牆上的分析圖表，就能夠讓我一眼看出自己的生意是否健全。

間的關係。我們在同樣一張紙上以第三種顏色畫出一條代表勞動成本的曲線。七月時，這條曲線下降。一些工作者，除了對時裝系列最有用的工作者之外，都在度假。到了八月，這條曲線上升，九月又下降，因爲度假的人更多，而十月又上升。

除了這張紙概括顯示公司的經濟情況之外，還有一種簡單但又有效的索引系統。每位私人顧客都有專屬的索引卡，上面有名字、位址、護照號碼、三圍、信用評估、知名度、工作室與女銷售員。在其他各欄中則寫下她在幾年中對於每個時裝系列所花的錢，還有她的個性（即處理的難易度）、出生地點、她如何來找我們，以及她喜歡的部門——衣服、皮草、帽子、精品。

爲了不用從檔案中取出就可以看清卡片，顧客的名字都斜斜地寫在卡片頂端，所購買的內容則登記在邊緣的彩色框之中。所以，不用移動任何東西，我就可以立刻指出，一九五三年Y夫人沒有買帽子，但是她光顧皮草部門……或者Z夫人只購買精品。

這些紀錄有助於我們發現自己的弱點。如果一位好顧客訂貨較少，或在任何部門都沒有訂貨，她是有什麼困擾嗎？要歸罪於女銷售員嗎？她不喜歡時裝系列嗎？我可以追蹤每個顧客的選擇，有時藉著研究她的選擇而受益，這時常是下一個時裝系列的珍貴指標。

我們也保有一種有關款式的檔案，裡面有每件衣服的名字、穿衣服的模特兒名字，衣服在展示中的號碼，除此也提供買衣服的私人顧客名字、她們的地位、國籍與訂購日期。就專業購買者而言，檔案顯示出她們是購買衣服的草圖、底布還是複製品。

還有一種以國別為分類的檔案，在半分鐘之內就可以看出美國人、希臘人或義大利人在一九五〇年或一九五三年的季節中花了多少錢。

僅僅公司的營業部門就僱用了四十六位人員，一天工作八小時。這種也許很遠離時尚的工作，對我的成功而言是不可或缺的。這樣可以讓設計師藉由平衡「生產」與「銷售」而享有完全的獨立。

這種平衡是很大的問題。

第七章

對未來的新展望

我相信時尚之中是有一種邏輯在的。雖然這世界正在變成一體，但每個國家卻在抗拒自然的力量，比以前更有意識地感覺到自身的個性。

今日，人們對於那種不適合風景、生活方式或比例感的誇張建築者表示反彈。我們已有夠多怪異的繪畫和醜陋的雕刻。我很讚賞的畢卡索與馬蒂斯，已經傳達了訊息。那是一種眞誠又眞實的信息，已因模仿者變得衰微。

「新風貌」（恕我敢於在這樣一種深沉的討論中引進一種時尚語氣）之所以成功，僅是因爲它反映了時代的風氣。這種風氣回歸到傳統與永續的價值，避開機械與非個人的成分。不惜任何代價尋求最新的事物，是一種荒謬的追求，不是一種基本的追求，我們已經有太多的這種追求。

每個時代，包括我們自己的時代，都反映在它的時尚之中，而在一種扭曲的鏡子之中去反映它是沒有用的。藉由表現得自然與眞誠，不用藉著不自然的努力，就可以達成革命性的改變。

一九二五年的女人帽子壓到眉毛的地方，看起來像是那種爲當時的音樂與裝飾提供靈感的機器。現在，我們卻很害怕女性機器人。

歐洲面對一種敵意與不文明的社會，越來越意識到自身的傳統與文化。時尚正要完全回歸到西歐的傳統。就算時尚接受外來的一面，也是藉由過去幾世紀所過濾的微弱與遙遠的暗示。

在像我們這樣嚴肅的時代中，國家的奢侈意味著大炮與噴射機，我們必須護衛我們每一丁點的個人奢侈。我不否認，這似乎是違反時代的潮流。但是我相信，這樣是回應了一種基本的需要。只要是超越了身體的溫暖、食物以及遮身的屋簷，就是一種奢侈。我們的文明是一種奢侈，我們正在護衛它。

我不同意人們時常聽到的失敗主義言詞「我們今日不能做那樣的事。」我拒絕承認自己會在還沒有開始之前就被擊敗。我相信，具有創造天賦的人必須勇往直前，不管是處在什麼時代。

歷史上很少有人會隨著自己的那個世紀隨波逐流，無法回歸到自己的靈魂中，表達自己的想法。

我認爲我的行業是一場反抗時代的平庸與墮落因素的作戰。

人們總是容易失去勇氣。我想我的責任很單純，就是：不要屈服，立下榜樣，不顧一切去創新。

第二部分

時尚小辭典

引言

已經有很多作品寫及有關時尚的各個層面，但我並不認為有任何女裝設計師曾試圖編纂一本這方面的辭典。

當然，如果要涵蓋整個時尚領域，一定要寫出好幾本書才能畢其功，但我所編纂的這本書，在我看來並不會太長，以致讓讀者生厭，也不會太短，而顯得不夠有分量。我就把它稱為《我的時尚小辭典》。

我認為這本辭典對於現今的女人應該具有很大的助益。

很多人排斥高級時裝店認為它只為了富有的人們而存在。但是，只要一個女人遵循「時尚」的基本規則，小心選擇適合個性的衣服，還是能不用花很多錢在添購衣服上就可以表現得很高雅。

「簡單」、「好品味」以及「打扮」是「穿著得體」的三個基本原則，而這三個原則並不用花很多錢。

首先，妳必須詳細了解自己，要知道什麼衣服適合妳，什麼衣服不適合妳。然後，要詳細了解自己的需求。

要找出為妳加分以及突顯妳外表的顏色，要避免對妳一無是處的顏色。

要選擇線條簡單的衣服，要非常注意衣服的合適性。

尤其是——要照顧妳的衣服。如果妳的衣服沒有得到良好的照顧，就不可能打扮得很好看。

克里斯汀・迪奧

第一章

A

Accent 調性

調性是個人的小特徵，會使得女裝設計師所設計的衣服成爲屬於妳自己的衣服。這點是很重要的。

調性必須具備妳的個性，像：在什麼地方別上一個夾子、用什麼方式繫上蝴蝶結、如何摺疊圍巾、選擇什麼顏色的花……。

只要根據妳個人的感覺去搭配，沒有人會做得比妳好，但是要小心，只要一種調性就夠了。如果妳是選擇顏色當作調性得非常小心而且要記住，除非是經由專家的建議，否則一套服裝中有兩種顏色就足夠了。

Accessories 配件

配件對於美好的穿著是很重要的。衣服本身的預算越少，就要越注意配件。一件衣服加上不同配件，總能顯現很好的效果。但是如果妳不能替不同顏色的衣服都準備一套完整的配件，那就得很小心。

妳必須選擇一種可以與衣櫥中很多衣服相配的顏色。

除非妳很有錢，否則妳的配件最好選擇黑色、深藍色或棕色，而不是鮮紅色或綠色。

這是「小心謹慎」和「品味」的問題。

衣服不用買太多，而是要確定妳所買的衣服是好衣服。

Adaptation 修改

修改任何衣服——或任何一套衣服——都要很小心！如果一件衣服費了很大心思創造出來，要改變設計又不破壞它，總是很困難。如果妳能找到一件對妳而言較適合的衣服，那是最好的。

任何的改變總是一件大事——妳永遠不知道會出現什麼情況。

Afternoon Frock 下午裝

就設計上而言，日裝和下午裝幾乎沒有差別，只是後者材料通常稍微貴重一點。

當然，妳也可以在午後穿套裝，但如果是下午較晚的時候，最好是穿適合於雞尾酒會或晚餐場合的衣服。

最好的顏色是黑色——任何材料都可以。如果妳只能擁有一件下午裝，通常我都會建議妳選擇黑色。

最有用的款式是露肩裝——加上短上衣或短外套。任何種類的材料都好——從羊毛到蕾絲都可以。任何種類的上衣，任何種類的裙子都可以——苗條或寬鬆，取決於妳的身材，以及妳所過的是什麼種類的生活。

Age 年紀

就時裝而言，年紀只有兩種——女孩與女人（還有祖母——但是只有當妳出現了某種身材、過著某種生活時，才需要穿得像祖母）。妳可以穿適合妳自己也符合妳的年紀的衣服，但這並不意味著妳必須穿讓妳看起來很老的衣服。

女人婚前和婚後的穿衣方式也稍微不同。我不建議任何女人在婚前戴大珠寶和穿昂貴的皮草。

Aprons 圍裙

所謂的「圍裙」，我不是指做家事時所穿的那種非常必要又有用的圍裙。在女裝設計的語言中，「圍裙」是一種會飄動的東西，可能完全改變裙子的外觀，讓它更加令人感興趣。

如果妳的臀部不是很完美，而妳希望穿一件苗條的衣服，那麼在旁邊、前面或後面加上一件圍裙，也許非常有助於妳達到目的。

Armholes 袖孔

在女裝裁縫中，袖孔是衣服很重要的部分。如果袖子的位置有問題，整個設計就會毀於一旦。如果一件衣服不完全合身，缺點時常是出現在袖孔上。

袖孔的類型是選擇的問題。但請記得：袖孔太深會讓人看起來很胖。

第二章

B

Ball Gown 舞會禮服

舞會禮服是妳的夢想，它一定會給妳一個夢……我認爲，在女人的衣櫥中，舞會禮服跟套裝一樣必要。它對於鼓舞士氣具有很美妙的作用……。

穿著美麗的舞會禮服，妳會成爲眞正的女人……所有的女性特質、優雅氣質和可愛的特性會顯現出來。

妳幾乎可以選擇任何的材料——越貴重越好——薄綢、緞子、錦緞、絲綢。蟬翼紗和棉布則適合較年輕的女人。

可以剪裁成任何樣式——只不過我認爲衣緣蓬鬆的衣服看起來很浪漫。除非妳瘦了一點，否則無肩背帶上衣是很不錯的。

有了一件套裝和一件舞會禮服，妳就可以環遊世界，幾乎任何的場合妳都能穿得很好看。

Belts 腰帶

繫上腰帶是強調腰身最美妙的方式。除非是運動裝或海灘裝，否則腰帶一般而言應該是古典式的，且是皮製的——只不過，好的腰帶也可以用那種搭配妳的衣服的材料來製作。就更講究的層面而言，如果妳的腰細，則裝飾式的腰帶（所謂的飾帶）也許會讓妳顯得很高雅。

要小心地選擇腰帶，讓它的形狀爲妳的背部提供較長和有活力的線條。至於是要選擇寬腰帶還是窄腰帶？這取決於妳所要穿的衣服或大衣的樣式。但是如果妳上半身短，則應該避免使用寬腰帶。

Black 黑色

黑色是最受歡迎、最方便與最高雅的色彩。我是故意說「色彩」，因爲黑色有時可能像一種色彩那樣引人注目。

黑色是所有色彩中最「苗條」的。除非妳皮膚不好，否則黑色是最討好的色彩之一。

妳可以在任何時間穿黑色衣服，妳可以在任何年紀穿黑色衣服。妳幾乎可以在任何場合中穿黑色衣服。「一小件黑色衣服」是女人的衣櫥中不可或缺的。

我可以寫一本談論黑色的書……。

Blouses 寬鬆上衣

現今，女人不像以前那樣常穿寬鬆上衣，我認爲這是很可惜的事。

當然，很多套裝是可以不搭配寬鬆上衣來穿的。但是我認爲，如果天氣足夠暖和，那麼，脫下外套、展示美麗的寬鬆上衣是很不錯的事。

有些套裝，特別是如果有很寬鬆的裙子時，妳可以搭配一件刺繡的寬鬆上衣或一件用蕾絲、天鵝絨或緞子縫製的寬鬆上衣——這樣除了白天之外，晚上穿也會很好看！

Blue 藍色

在所有的顏色中，深藍色是唯一可以和黑色媲美的顏色，它具有黑色的所有特性。

淡藍色是最美麗的顏色之一。如果妳有藍眼睛，則淡藍色會很適合妳。在選擇藍色衣服時，要很謹愼地在太陽的光線和電燈的亮光中加以檢視，因爲變化會很大。

Bodices 上衣

不論任何樣式的衣服，上衣都是最重要的部分。它靠近妳的臉部，必須成爲襯托臉部最好的架構。

衣服大部分的重要性集中在上衣上，上衣的剪裁是整件衣服的基調。裙子的設計是用來平衡上衣的。上衣中會出現很多掩飾的部分。胸圍小的女人可以穿帶點花俏成分的衣服——也許是某種捲曲的衣襟或一個精緻的衣領。

而大袖子會在豐滿的身材看起來太沉重時提供平衡感。

如果妳上半身很長，就選擇船形領口。

鈕扣和蝴蝶結讓這件美麗的上衣增加了趣味性。

裝飾性的上衣也不錯……讓從肩膀接合線開始的地方的線條顯得很流暢。

上半身短的女人的上衣需要有長線條——V形領口，接合線從肩膀延伸到腰部，並且是小鈕扣，非大鈕扣。

上半身長的女人很幸運——從肩到腰的長度很優美。這樣的女人應該專注於讓腰部看起來盡可能纖細。肩膀的一點寬度、裙腰以及船形領口都會在這方面有所助益。

胸部不是很小的女人如果腰細，也需要讓腰部成爲焦點。她們應該選擇線條柔和又流暢的上衣，也許加一點褶綴，但不要過分裝

「簡單」的特性適合完美的身材，用大蝴蝶結來加以強調。

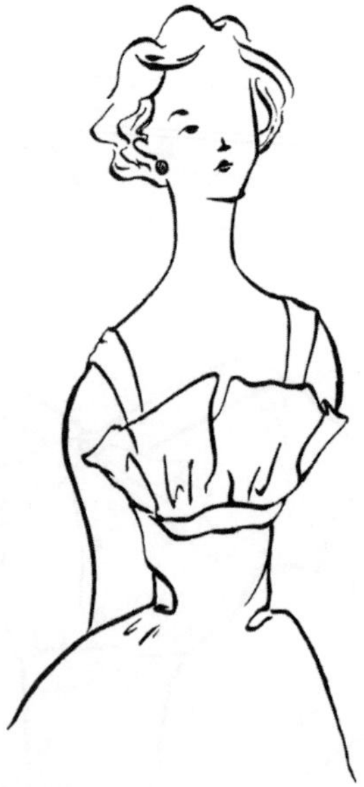

有凹槽的上衣對苗條的女孩而言是很討好的。

飾。深長的V形領口，特別是有對照性的衣領，是很不錯的，線條也要不對稱。

如果身材完美，則上衣越簡單越好，剪裁可以很複雜，讓妳看起來像「雕塑」一樣，但在不經意的眼光下仍會覺得它是很簡單的。

Boleros 短上衣

短上衣是改變衣服外表很方便的方法，材料可以跟衣服的材料相同，或者跟衣服的材料或顏色形成對照。

短上衣對於上半身長的女人尤其有幫助。

露肩衣服搭配短上衣，會讓短上衣透露都市風格。刺繡或天鵝絨短上衣會讓簡單的衣服具裝飾的外觀。

彩色短上衣會為黑衣服增加一點光輝或者春天的氣息——如果妳希望這樣。

最後，皮草短上衣是穿皮草很方便和高雅的方法。如果妳覺得冷，它除了保暖之外也會很好看。短上衣靠近臉部，是顯示魅力的重要方法。

Boning 骨幹

隨著生活和時尚的簡化，衣服的骨幹已經被人加以使用——如此把我們的祖母所穿的緊身衣排除掉了。

如果妳穿無肩帶衣服，骨幹是絕對必要的。

Bows 蝴蝶結

蝴蝶結是衣服最自然的裝飾，因爲它們是圍起和繫住布料的自然方法。我喜愛用蝴蝶結來圍起露肩衣服、修飾帽子或繫緊腰帶。我喜歡大蝴蝶結、小蝴蝶結或巨大的蝴蝶結，任何的樣子、任何的材料我都喜歡。

但我有一句警告的話——蝴蝶結必須謹慎使用，小心保管。

Brocade 錦緞

錦緞是最貴重的材料，使用這種材料要很有眼光，因爲它很貴重，穿這種材料縫製的衣服可能不會看起來很年輕。所以，我建議妳使用它來縫製衣線寬鬆或狹窄的短晚禮服或套裝。

錦緞縫製的長晚禮服應該只在具有正式性質的重要典禮中穿著。加冕儀式是穿錦緞的典型場合，其貴重和豪華的特性可以彰顯事件的尊嚴氣氛。

Brown 棕色

棕色是很不錯的暗色，特別適合套裝和大衣。如果是絲製品，則女裝和套裝搭配皮草大衣也很迷人。

除了黑色，棕色是配件——如手提包、手套和鞋子——的最佳色彩之一，因爲它是一種自然的色彩。

Buttons 鈕扣

最近，鈕扣在時裝中已變得很重要，它們是打開和關閉一件衣服最方便的方法。它們會是很重要的裝飾品，有助於突顯衣服的重點。

有時，一顆位置正確的鈕扣，效果勝過突然出現的一堆鈕扣。

第三章

C

Camouflage 掩飾

自亞當和夏娃的時代以來，女人就一直使用無數的穿衣手法來彰顯自己的優點。

掩飾是非常重要的。大部分的女裝設計藝術都是掩飾的藝術，因爲在這個世界上完美的狀態是很少見的，而女裝設計者的工作就是讓妳顯得完美。

在專家的手中，藉由巧妙的剪裁和一點墊塞的手法，可以完成很多工作，尤其是大衣和套裝可以在一個人身上達到「塑造」的效果。

Checks 格子紋

我喜愛格子花紋。它們可能是花俏的、簡單的；高雅的、容易的；年輕的、符合各場合的。

從最早期的編織時代以來，格子花紋就很受歡迎，總是成爲流行的時尚。

有很多格子花紋的式樣可供選擇，總會有一種式樣適合每種年紀和身材。

年輕又華美的女人會穿格子花紋棉布衣、嬌小的女人會選擇小格子花紋、年紀較大的女人會選擇格子花紋不完全的柔絲或羊毛衣料，而在鄉下，則可選美麗、典雅的斜紋軟呢。

就夏日晚上而言，色彩輕淡的格子花紋細棉布是很好看的；就假日而言，格子花紋配件——手套、圍巾等——會是很華美的。

Chiffon 薄綢

薄綢是所有材料中最可愛，也是最難使用的材料之一。在法文中，薄綢的意思是「破布」，我必須說，剪裁得不好的薄綢衣服很容易看起來像破布，薄綢需要以完全女性化的方式使用，且要以法文中所謂的「仙女手指（doigts de fée）」來裝飾它。如果妳並非是很有經驗的裁縫師，我建議妳避免使用薄綢來縫製衣服而薄綢最容易的使用方式是用它來做圍巾。

薄綢裁製的寬鬆上衣很迷人，特別對年紀較大的女人而言。如果是柔和的中性色調——灰色、米色、牡蠣色，則會很可愛。

薄綢基本上是具女性特質的材料；如果妳有衣服或套裝看起來很冷酷，總能運用薄綢達到緩和的效果。

Coats 大衣

這種衣服保持了衣服的原始功能——保暖。

在石器時代，女人喜歡用皮草保暖，而今日，最好的大衣材料是最接近皮草的材料，也就是毛料和天鵝絨。

絲質大衣是夏天穿的大衣；女人穿絲質大衣是爲了裝飾，而不是實用性。我個人不喜歡看到城市的女人沒穿大衣。

大衣可以合身，也可以寬鬆，完全是個人的選擇，但最重要的是，它必須是實用的，色彩是實用的，式樣也是實用的。

Cocktail Frocks and Hats 雞尾酒會禮服與帽子

雞尾酒會禮服是特別精緻又講究的下午裝。但請避免弄錯，不要在赴雞尾酒會時穿得好像要赴宴會。這是錯誤的。

我認爲，最方便的雞尾酒會禮服是一小件無肩帶或露肩裝，加上一件短上衣，穿了短上衣，上街時會看起來穿著很得體；沒穿短上衣，則很適合正式場合。

關於雞尾酒會禮服，妳可以選擇很貴重的材料——軟緞、緞子、薄綢或毛料（毛料很優秀），顏色方面也是選暗色，最好是黑色（如果黑色適合你）。但很貴重的刺繡或沉重的錦緞則適合晚禮服。

雞尾酒會帽是所有帽子中最精心設計的，可以使用任何材料，可以有刺繡，飾以花、羽毛或絲帶。妳可以戴大帽或小帽，但如果妳是要去一個空間小的地方，就請選擇小帽！

妳可以選擇任何顏色，妳可以讓妳的想像力和女性氣質做爲主導！

Collars 衣領

衣領的作用在於形塑妳的臉孔。無論大或小，高或低，其比例要詳加考慮。

一片小小的材料可以創造出很多不同類型的衣領，這是很不尋常的。

有名的「小白領」當然很棒能透露年輕氣息，但不要太常使用它，因爲它有時可能看起來很廉價。白衣領不要有兩層，它必須是潔白無瑕的。

要非常注意妳的衣領形狀和合適性；不合適的衣領會讓妳的整件衣服失去平衡。

一種隨意打結的圍巾領，適合一件樸素的上衣。

一個圍巾領裝飾了一件白色的緞子上衣。

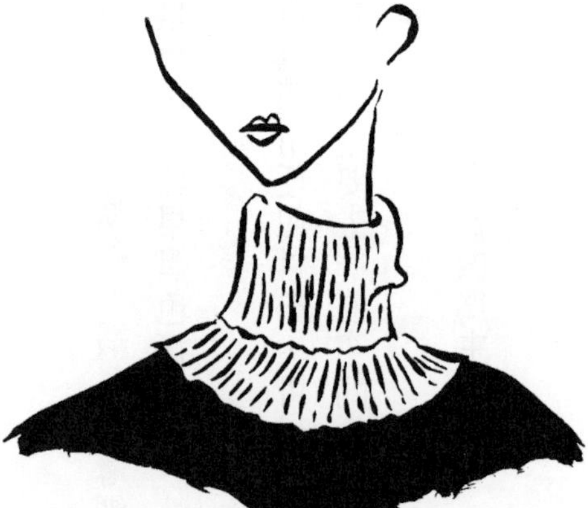

可分離的稜紋衣領，使用在一件樸素的運動衫上。

一種整齊的領帶衣領，適合一件樸素的白色上衣。

黑色滾邊成為一件套裝的衣領。

用小小的白色羽毛製成的「小男孩」衣領。

通常而言，小衣領會看起來很年輕，較大的衣領，特別是裝飾用的，則顯得比較莊嚴。如果妳想看起來很年輕可選擇硬脆的材料，如硬棉布。如果妳要看起來很可愛則要選擇精緻的蕾絲（也許妳會自己縫製）。

如果妳的頸子長可以選擇挺立的「強盜」衣領，或達官貴人衣領。如果妳的頸子短則要選擇狹長的衣領。

Colors 色彩

色彩奇妙又有魅力——但必須小心使用。

即使是最美麗的色彩，如果每天千篇一律的穿戴著也會失去效果。色彩需要改變。如果天空一直是藍的，我們就不會欣賞它，是雲兒、多變的景色使得天空變得很美。

大自然之中沒有什麼東西是靜態的，鄉村每天都會改變，天空每小時都會改變，而海沒有一分鐘是相同的。

如果妳希望改變衣服的外表，可以用些微的色彩來點綴。一條翠綠色的圍巾、一朵亮紅色的玫瑰、一件陽光似的黃色長披肩、深藍色手套。

但是如果妳的衣櫥很小，容納不下太多的衣服，就要把色彩限定在配件上。一件有色彩的衣服會看起來很華美又吸引人，但妳會很容易厭倦它，妳不會像穿一小件黑色或深藍色衣服那樣經常穿它。

妳了解，當我說到色彩時，我是指明亮的色彩，不是指中性的色彩，如可以每天穿的灰色、米色、黑色或深藍色，但即使是這些色調也必須加以選擇，要能跟皮膚、頭髮和眼睛相配。

例如，幾乎沒有米色色調會適合灰色頭髮的人，因爲米色和灰色在性質上太相似了。有灰色頭髮的人應該選擇灰色、深藍，或者理所當然要選擇的黑色。

就夏日棉製衣服而言，當然妳能夠選擇世界上最華美的顏色，因爲有很多這種顏色。但是，當妳選擇常穿的、好品質的衣服時，就要限制在中性顏色上。另外，在選擇配件的顏色時，也必須非常小心。

無論什麼衣服，兩種顏色就足夠了，任何顏色的兩種，輕微的點綴就足夠了。

如果帽子、手套、圍巾和腰帶是同樣明亮的色彩，那等於糟蹋了，這樣只會造成有瑕疵的結果。然而富有色彩的帽子和圍巾則能使眼光專注在一件衣服的一個焦點上。

良好的計畫對於美好的穿著是必要的。

Corduroy 燈心絨

燈心絨曾經是——現在仍然是——一直很流行的布料，因爲它有很多種色調，也非常方便，它是極爲實用的布料。

我很喜歡燈心絨，因爲它就像毛料那樣有用，並爲妳的衣櫥提供不同的要素。妳可以用燈心絨來縫製套裝和普通女裝——如果妳想要的話，也可以用它來縫製大衣。這種衣料總能讓妳看起來很年輕。

天鵝絨和燈心絨都有最美妙的顏色——柔和的顏色和耀眼的顏色。但燈心絨是很奢華的材料，應該用來縫製風格很簡單的衣服。

套裝或大衣上，本來妳要用天鵝絨的地方，也可以改用燈心絨來裝飾，它的美好質地跟光滑的毛料形成很好的對照。

Cosmetics 化妝品

化妝品在美的祕密方面扮演很重要的角色，但妳卻不能把妝化得太明顯，現在過度的化妝是很老派的作風。妳不必像女演員一樣暴露在強烈的燈光下，所以不必像女演員一樣化濃妝。

最自然的化妝方式是最好的；除了口紅之外，不能太明顯。如果妳喜歡塗上色彩鮮豔的指甲油也是可以的，但我個人喜歡自然的顏色。

Crepe 縐紗

有一段時間，縐紗曾經退流行，但現在又回歸了，因爲這種衣料很方便，有時看起來像毛料，只是不像毛料那樣溫暖。

就女裝而言幾乎可以用任何方式使用柔軟的縐紗，就像使用毛料那樣——妳可以使用它做摺飾、褶皺或摺襞；它有很多功能。

春天時，我喜愛用輕淡色彩的縐紗來裁製有褶皺的女裝。

Cuffs 袖口

袖口之於手，就像衣領之於臉。袖口是使得手腕和手指顯得可愛的架構和背景。

我談到白色衣領，同樣我也要以相同方式談到白色袖口。白色袖口很棒，但會看起來很廉價。

無論袖子的長度如何，袖口都能爲袖子增添重點。但是，你在爲長袖子加上袖口時要小心，不要長到蓋住手腕，因爲這樣會看起來很老氣。

我喜愛在普通女裝上加袖口，也喜愛在套裝和大衣上加袖口。但我不認爲袖口應該太花俏——就我的品味而言，一個小小的翻折袖口就是最好的。

袖口的材料可以跟衣服相同或形成對照；色彩可以跟衣服相同或形成對照。但是，就像我之前所說的，要小心，不要引進太多白色綴片。如果衣領和袖口與衣服形成對照，那對於整個衣服而言就是足夠的色彩了。

可以分離的稜紋袖口。

上衣有扣子的整齊小袖口。

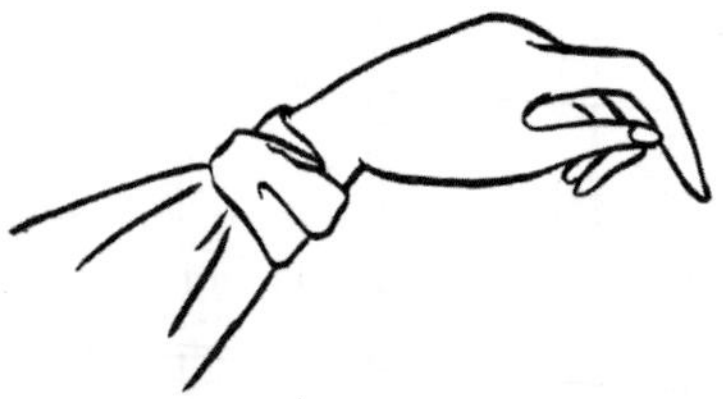

摺起的上衣小袖口。

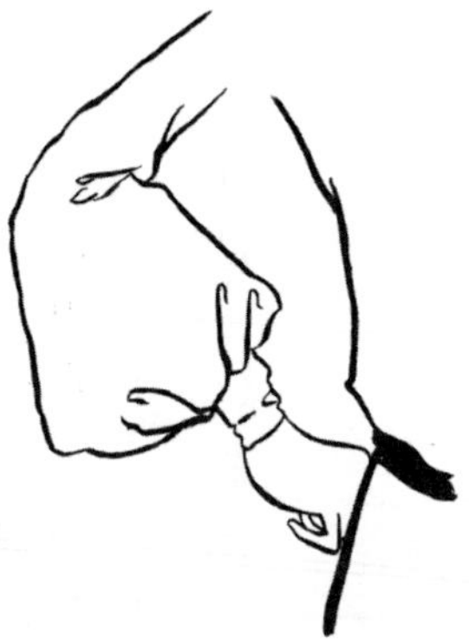

一件袖子寬鬆的大衣，具有一個聚集起來的袖口線條。

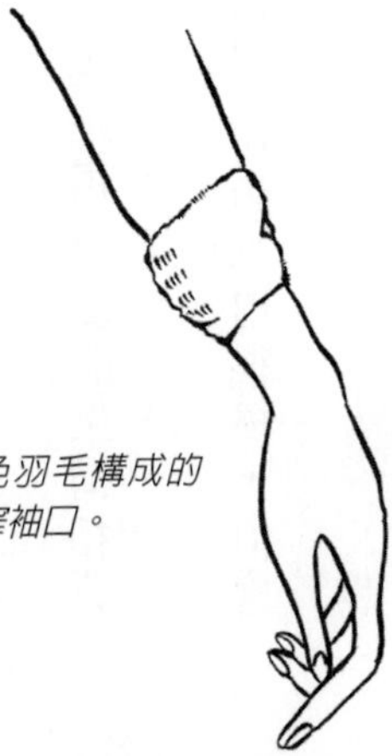

白色羽毛構成的狹窄袖口。

一件長袖上衣上相當明顯後翻的袖口。

第四章

D

Darts 褶子

褶子對於衣服的樣式而言是極爲重要的，但用得太多卻不好，並不是加進一個褶子就可以使不合身的衣服變得合身。

要使衣服合身，首先是在於妳使用材料的紋理方式。

褶子只有在讓妳的上衣合身時才是必要的。一般而言，兩個或四個褶子就足以讓妳的衣服變得非常合身。要避免讓褶子太大，太大會看起來很醜。

剪裁很棒的衣服必須盡可能地減少縫線。

不要選擇有太多褶子和縫線的衣服或樣式。這種衣服或樣式很難縫製，穿起來不一定好看。縫製衣服時，要特別注意所選擇的款式的主要部分中，褶子和花樣要非常少。

褶子巧妙地使用在這件短晚服上，不用打褶就可以在後面創造寬鬆的效果。

Day Frocks 日裝

有些女人穿套裝最好看，但有些女人不能穿套裝，特別是如果她們較矮小或腿短。

針對她們，我建議穿毛料裝——日裝。妳可以每天穿它，每個月穿它，所以請選擇簡單、典雅的樣式，顏色中性，用小心選擇的配件來做爲變化的媒介。

買妳買得起的最佳質料的羊毛裝，廉價的羊毛料並不划算，因爲它會很快變得破舊，不到幾個月就穿壞了。

一件典雅的黑色、深藍或暗灰羊毛裝可以讓妳穿好幾年。

如果妳很年輕，就選擇有寬鬆衣線、優雅上衣和緊貼高領的式樣。如果妳不是很苗條，我建議穿交叉式上衣以及一件直裙，上面有一、兩個裙褶，讓妳有迴旋空間。

V形領口總是討人喜歡——對胸部大的女人而言也是必要的。如果妳有點太瘦，則有一個小小的摺綴是很不錯的。但要小心，不要選擇任何過分裝飾的衣服，因爲在衣服還沒有穿壞之前，妳就會厭倦它了。

Décolleté 露肩裝

自夏娃的時代以來，露肩裝就一直很吸引人。無論大小，露肩裝一直很具有女人味。

如果妳身材高，就選擇寬露肩裝，如果妳有點豐滿，則有深度的露肩裝會很適合妳。

無論妳的衣服是什麼領口，一定不要太高，以免遮住鎖骨。唯一的例外是妳穿毛線襯衫時——妳希望穿多高，就穿多高。

我個人在設計具有女性氣質的新露肩裝時，都非常小心。露肩裝是最適宜的。露肩裝是最具女性氣質的。露肩裝是最吸睛的。

露肩裝。在一件黑色的絲質下午女裝上剪裁出一種簡單又優雅的領口。

Detail 細節

我厭惡細節。我喜愛調性或小小的點綴，但它們必須是很重要的，不是沒有意義的。小細節是很廉價的，一點也不高雅。

然而細節有另一種意義，如果妳的衣服從頭到腳的每個細節都必須是高雅的，這樣的細節就很重要了。

Dots 圓點

關於圓點，我的說法跟格子花紋一樣。圓點很可愛、高雅、大方，經常很時髦。我永遠不會厭倦圓點。

小圓點最適合嬌小的身材。大圓點很適合身材高眺的女人。如果妳不是很苗條，就需要選擇較暗的背景配上較亮的圓點，而不是較亮的背景配上較暗的圓點。

圓點在假日——棉料裝和海灘裝——之中是很可愛的，運用在配件上也會顯得鮮豔。根據圓點顏色的變化，圓點會具有多方面功能：黑色和白色會顯得高雅；柔和的粉紅色和藍色會顯得很美；鮮綠色、深紅色和黃色會顯得很華麗；米色和灰色會顯得很莊嚴。

Dressing gowns 晨衣

我認爲，晨衣或家居便服是妳的衣櫥中很重要的衣服，但有太多的女人忽視它。

我們的母親都非常注意晨衣，她們這樣做是十分正確的，因爲這是妳的家人每天早晨會看到妳穿著的衣服，這是妳開始一天的生活所穿的第一件衣服，所以重點是晨衣要讓妳看起來很不錯，特別是在家中的私密狀態下的時候。

如果妳過著華貴的生活（或度過一個特別的假日），妳則可以穿上一件美妙的薄綢晨衣，讓妳看起來很美。但是，如果妳過著嚴謹的生活，則軟呢、軟絲綢或毛料——夏天則是棉布料——會是最適當的。

我認爲，女人穿上晨衣也可以陶醉在一點女性氣質中。雖然晨衣最重要的功能必須是實用，但也不用太嚴謹。在毛料晨衣上加上一點皺邊或天鵝絨裝飾，是很不錯的。

第五章

E

Earrings 耳環

除了在鄉下之外，我喜歡看到女人戴耳環。耳環提供一種很棒的最後潤飾。耳環不必很精緻；事實上，小小的金耳環，或珍珠，或單一的珠寶，就可以成爲迷人的耳環。當然，在晚上時，耳環可能更加有裝飾作用。

我總是要我的模特兒穿耳洞。

Elegance 優雅

「優雅」這個字眼需要寫一本書才能給予它正確的定義！我現在只能說，「優雅」必須是「卓越」、「自然」、「謹愼」和「簡單」的正確組合。沒有了這四者，請相信我，是不會有「優雅」的，只會有矯飾。

「優雅」並不取決於金錢。在我所提及上面的四者之中，最重要的是「謹愼」。選擇衣服要謹愼，穿衣服要謹愼，保養衣服要謹愼。

Embroidery 刺繡

刺繡是女人的手所做的最美麗的事情。但就「優雅」而言，卻是最危險的事情之一。我不喜歡日常衣服上的刺繡，除非刺繡的樣式非常簡單。

如果小心地使用，刺繡很適合雞尾酒會禮服，如果要更精緻，則使用在晚服上是很美妙的。如果是宴會，則刺繡的短衣服可能會很棒，但妳必須只在適當的場合才穿刺繡衣服，否則就是矯飾。

妳可以在以下的衣服上使用刺繡：

寬鬆上衣——使用在衣領上，或用來裝飾衣服正面，但刺繡的技巧必須非常精巧，且除非妳有很精確的色彩感，否則最好只刺繡一種顏色。

裙子——如果是一件華貴的假日裙子，有時可以選擇暗灰或黑色寬鬆棉質裙子，加上色彩耀眼的大膽刺繡花樣，但這種情況只適合年輕人！

晚禮服——刺繡會看起來很美妙……刺繡加上絲綢、寶石和小金屬片。這些東西會提供一種貴重、奢華的外觀，讓晚禮服顯得很吸引人。

雞尾酒會禮服——在衣服的衣領或口袋上加上一點點刺繡，有時會很棒——但要記住，只加一點點。

Emphasis 強調

如果妳有特別優秀的五官，則加以強調總是好事。事實上，整個時裝就是「強調」——強調女人的可愛。

如果妳有可愛的手，則只要袖口長度適當，就可以強調妳的手——袖口應該剛好在腕骨上方。

所有的衣領都會強調美麗的臉孔，因爲它會成爲臉孔的架構。

幾乎所有衣服的剪裁都是爲了強調細腰——而腰帶，無論寬窄，也有助於達到這個目的。

好看的腳踝大部分都由那些「芭蕾舞」長度的裙子來強調；裙子越寬鬆，強調的功能就越大。

Ensembles 全套女裝

很高雅的穿衣方式是大衣和衣服配在一起，形成全套女裝——我相信英國女人特別喜歡全套女裝。

但是，就全套女裝而言，應該十分簡單，大衣可以合身或寬鬆，取決於妳的品味。它也可能或長或短。

全套女裝其實可以取代套裝，但它不是很實用，因爲妳不是很容易能改變它的外觀。如果是套裝，妳有時可以穿上剪裁講究的寬鬆上衣，有時則穿上過分裝飾的寬鬆上衣，搭配不同的帽子，效果會十分不同。

全套女裝只能以一種方式穿著。然而，有些人穿套裝並不會顯得最好看，如果妳是這樣的人，我會建議妳穿全套女裝。

至於顏色，我的說法跟套裝一樣：選擇暗色、方便的顏色，如黑色、灰色、深藍或米色，因爲妳會時常需要穿全套女裝，而這些是妳不會容易厭倦的顏色。它們是華麗配件很好的背景顏色。

Ermine 銀鼠皮

銀鼠皮是純潔與高貴的表徵。就常態的使用而言，如果做爲衣領或帽子，冬天會給人一種可愛的白色觸感。當然，如果是在晚上，穿銀鼠皮短上衣或大衣是很棒的。

第六章

F

Faille稜紋綢

稜紋綢是一種可愛的絲織品，不如緞子亮，比緞子稍微容易穿，穿起來顯得較苗條。它是跟樓梯布、粗羅綢和小火雞布同樣種類的材料。

稜紋綢很難操作，因爲它很容易捲曲，所以沒有經驗的裁縫師應該避免使用這種材料。

Feathers 羽毛

羽毛在小鳥身上是很可愛的，在帽子上是很迷人的，但要使用它必須很有眼力。羽毛可能看起來很可愛，但也可能看起來很荒謬。

如果是由印第安人首領配置在正確的位置，羽毛可能看起來非常有威嚴。如果小心爲之，女人也可能以一種優雅和高貴的方式佩帶羽毛。請選擇小羽毛以及講究的羽毛；大羽毛看起來笨拙又沒有女性氣質。

Fichu 三角形披肩

一片小小的三角形東西，或摺成三角形的四方形材料會讓晚禮服顯得很高雅。在現在的時裝中，三角形披肩有取代笨重的長披肩的趨勢。

事實上，如果妳認爲處理長披肩很難，披戴起來很難顯得優雅，我建議妳改用三角形披肩。三角形披肩可以鑲邊飾或刺繡，並且也有很多種材料。

羊毛料很溫暖，可以跟羊毛料日裝一起使用。絲、緞子或甚至蟬翼紗則適合晚服。就白天而言，三角形披肩可以是暗色或軟呢色，或者妳可以使用悅人的深紅色、綠色或藍色。就晚上而言，特別是如果妳很年輕，則可以選擇輕淡的色彩。

Fit 合身

好衣服首先就是很合身的衣服。我很不喜歡那些看起來好像穿著大袋子的女人。

就因爲「合身」，才有助於強調自己的可愛，隱藏可能有的缺點。

「合身」是很難達到的境地；妳爲此花再多的時間也不爲過。通常一件衣服需要試穿三次——有時需要兩倍於此。

要小心選擇材料的特性——必須小心研究。如果材料的使用很正確，則要讓衣服合身只需要極少的褶子和褶襉；如果材料的使用是錯誤的，則再怎麼多的褶子也不會讓衣服達到妳想要的合身程度。

所以，當妳在縫製衣服時，要在開始之前就研究材料以及所想要的式樣。

Flowers 花

僅次於女人，花是上帝賜給世人最可愛的東西。花很美妙又很迷人，所以必須小心使用。

裝飾有花的帽子可能很可愛，也可能很荒謬。鈕扣洞、腰帶或露肩衣服中的一朵花可能非常棒——但要選擇多樣的花和色彩來搭配妳的個性。

我認爲印花布是極好的，色彩美麗的絲質印花布使用在下午裝、宴會服或雞尾酒會禮服上是很可愛的。

如果色彩耀眼，印花布用在假日服裝上也會是很華麗的。

Fox 狐狸皮

狐狸皮是最美妙的皮草。它的唯一缺點是，已流行很長的時間，所以變得很平常了。

我個人不喜歡狐狸皮製成的大衣；我認爲它較適合裝飾用，我喜歡在大衣、套裝上使用它，甚至跟軟呢一起使用。

Frills and Flounces 縐邊和荷葉邊

這兩者是讓裙子顯得寬鬆的很浪漫、簡單又青春的方式。最近幾年，我們大量使用荷葉邊，但由於現今的時尚是傾向於苗條的裙子和苗條的臀部，所以也許荷葉邊會漸漸不爲人所使用。

但無論如何我還是很喜愛荷葉邊。荷葉邊使用在年輕女孩的衣服上，是最好不過了。

Fringe 緣飾

用材料本身做成緣飾，或者以飾帶加上去，都是很棒的裝飾。它們爲長披肩或圍巾提供一種自然的潤飾，有時也可以使用在衣領或口袋上。

在二十年代，人們常常使用緣飾裁製成完整的衣服，所以現今在使用緣飾時必須很小心，否則很容易看起來老氣。

第七章

G

Gloves 手套

在城市之中，妳的衣著中不可能沒有手套，就像妳的衣著中不可能沒有帽子。就晚上而言，最迷人的是很長的手套。如果妳想要的話，妳可以選擇幾乎戴到肩膀處的手套。或者如果妳喜歡比較傳統的，則可以選用剛好戴到手肘上方的手套。

無論是晚上或白天，妳可以使用手套來提供那種「小小的色彩裝飾」，但我不喜歡太花俏的手套。就我個人而言，我喜歡自然的色彩——黑色、白色、米色和棕色。

長手套會使得手部顯得相當優雅，有助於讓手看起來細長。我喜歡簡單的手套——沒有太多裝飾——但樣式必須很好看。如果是皮製的，皮膚的質地必須很完美。

我喜歡布料的手套勝過用廉價皮製成的手套。

Green 綠色

綠色被認爲是不幸運的色彩。我認爲這是完全錯誤的。我雖迷信，但綠色對我而言一直是很幸運的。它是一種可愛的顏色，又顯得很高雅。

綠色是一種「大自然」色彩——只要妳遵循「大自然」做爲妳的色彩架構，就不會出大差錯。我喜愛看到綠色的每種色調被使用，也使用在每種材料中——從晨衣的軟呢到晚服的緞子。綠色適合每個人以及每種膚色。

Gray 灰色

灰色是最方便、有用與高雅的中性顏色。它在法蘭絨中很可愛，在軟呢中很可愛，在毛料中也很可愛。如果與妳的膚色很搭配的話，則最高雅的衣服莫若美妙的灰色緞子晚禮服。就日裝、套裝和大衣而言，灰色是很理想的，我會經常建議這種顏色。有很多不能穿黑色衣服的女人，卻可以穿暗灰色衣服（請記得，如果妳塊頭大，就必須選擇暗灰色，如果嬌小，則淡灰色較適合妳）。

灰色對於住在城市和鄉村各一半時間的人而言，也是最方便的顏色，因爲加上不同的配件，灰色的套裝或大衣可能同樣適合城市和鄉村。灰色也是適合配件的顏色——幾乎任何配件都與灰色相配。白色也許是最清新和美妙的對照色，但安全的說法是：無論妳最喜歡的顏色是什麼，穿灰色衣服是很安全的。

Grooming 打扮

打扮是眞正優雅的祕密。沒有美好的打扮，則最美的衣服、最美妙的珠寶、最迷人的美也不會發揮作用。

第八章

H

Hairstyles 髮型

就像靠近妳臉部的所有東西一樣，妳的髮型是極爲重要的。髮型甚至比帽子或衣領更重要，因爲它實際上是妳的一部分。

針對妳的頭髮，再小心也不爲過，但這並不是說，我喜歡複雜的髮型。我厭惡它。

但美好的頭髮裝飾——這是必要的。

如果妳無法常光顧美髮師，那就要選擇在家中很容易處理的髮型。不僅要每天照顧，並且要一天照顧很多次。

我很厭惡染髮。上帝所賜給妳的顏色經常是最佳的顏色，並且也搭配妳的個性，不成爲妳自己而努力要當別人，從來就不是好事。

妳可以用所有方法改進自己，但妳將仍然是妳自己，不是別人！

如果妳年輕時就有白髮，那麼白髮看起來會很優雅，且比去染髮年輕很多。在到達一定的年紀之後，染髮是騙不了任何人的。

髮型。上面三圖顯示出迪奧為模特兒所選擇的非常不同的髮型。

Handbags 手提包

手提包是很重要的配件，有太多的女人在使用它時並不夠謹慎。

妳可以從早晨到晚餐都穿同樣的套裝——但是如要確實裝飾得很完美，那麼妳不能一直使用同樣的手提包。早晨時，手提包必須很簡單，晚上時，則必須較小，如果妳想要的話，可以稍微花俏一點。

最簡單和最古典的手提包一直是最佳的手提包，而皮的質地也很重要，廉價的皮並不划算，由於不可能持久，它也許是很昂貴的。

如果妳只能有一個或兩個手提包，那就選擇黑色或棕色的，因爲這兩種顏色可以跟所有東西搭配。

白天時，你可以選擇鞍形針縫的手提包，但午餐後或要參加講究的午宴，那麼我不喜歡這種手提包，我比較喜歡以優秀的皮革製成的非針縫手提包：小牛皮、小羊皮、鱷魚皮，我尤其喜歡小羊皮。

晚上的手提包可以加上刺繡或用花俏材料製成——如果妳想要的話，使用跟妳的衣服同樣的材料。但是，如果妳想要有一個手提包來搭配妳所有的衣服，那就用金色或金子材料。

不要忘記，手提包不是廢紙簍，妳不能在裡面裝上很多不必要的東西，又期望它看起來很棒且耐久，就像所有的衣服一樣，手提包需要照顧。

手提包裡面要有一個放所有東西的地方——蜜粉、皮夾、錢包、紙等。不要把口紅跟鈔票和手帕混在一起。

Hats 帽子

現在，我們來說此時最急迫的問題。妳要戴還是不戴帽子？

我認爲在都市中，如果不戴帽子，就不能算是完整的打扮。帽子確實可以讓妳的服裝變得圓滿。另一方面而言，它時常是顯示妳的個性的最佳方式。有時，用帽子比用衣服容易表達妳自己。

帽子可以讓妳顯得華麗、嚴肅、莊嚴、快樂——或者如果妳沒有選擇好，也會讓妳顯得很醜！帽子是女性氣質——加上這個字眼所包含的所有輕浮成分——的精粹！

如果女人不利用這種有效的賣弄風情的武器，那會是很愚蠢的。

帽子的情況跟手提包和衣服的情況一樣，要盡可能選擇適合妳的材料。

冬天時，天鵝絨和品質很好的毛織品很可愛，有多方面功能。如果戴上用這些材料做成的帽子，妳可以表現出美妙、奢華的色彩。

皮草也很可愛，除了溫暖之外，一頂小小的皮草帽子也很能突顯女性氣質。如果妳買不起皮草大衣，但又渴望在寒冷的天氣裡有一點點皮草，那麼務必要有一頂皮草帽子！

帽子的線條也像妳的衣服線條一樣重要。太多帽子就像「形體」用很多羽毛或花做爲裝飾，會顯得很雜亂。如果帽子有很好的線條，就算沒有任何裝飾也仍然會很吸引人。

同樣的，當妳有了一頂線條很好的帽子時，不要突然心血來潮用一束花把它糟蹋了！

夏天時，小絲帽或草帽會很棒——我故意說「小」，因爲這種帽子比大帽子方便很多。妳會很快厭倦有巨大帽緣的帽子，除非在很安靜的夏日，這種帽子戴起來很難顯得優雅——妳不會想要經常得緊抓著帽緣！

當然，在正確的日子以及正確的場合——像花園派對——一頂眞正很大的帽子是最棒的，也最具刺激性。

如果是要運動或置身在鄉村中，我不是很喜歡戴帽子——除非下雨、有風或陽光很強，帽子就會回歸到原始的用途，即遮蓋頭部。

Heels 鞋跟

鞋跟是鞋子最重要的部分，因爲整個走路的過程是取決於鞋跟。有時，身體天生不是特別占優勢的女人，卻會因爲走路和動作很優雅而以高雅著稱。

鞋跟太高是很粗俗又可怕的——而且我認爲是很不舒適的。但鞋跟太低有時會使妳看起來很像男性，而這只適合在運動時或在鄉村中。就像所有的事情一樣，中庸之道是最好的——通常中等高度的鞋跟是最佳的。但鞋子是很具個人特色的東西，妳必須自己做選擇。但通常來說，我比較喜歡無裝飾的鞋跟，顏色跟鞋子一樣。

Hemlines 底線

很多人談到底線，但我個人認爲，如果計較裙子應該離地幾吋高，那是很荒謬的。

這是個人的事，取決於每個女人及其腿部。

但是，如要決定妳自己的裙長，那就是在相當的程度上取決於妳穿衣服的式樣以及妳的身高。

唯一的準則是「美好的品味」。

Hipline 臀圍

大戰之後，臀圍成爲時裝的焦點，與細腰圍形成對照。最近，人們的興趣已經向上移到胸部頂端，而臀圍保持在自然狀態中，除非是鼓脹型的裙子。

如果妳臀圍小就可以穿任何形態的裙子——細長的、打褶的、鼓脹的，或向外張開的。但是，如果妳沒有像所希望的那麼苗條，裙子就要避免太隆起；永遠不要選擇荷葉邊或縐邊。衣服方面則選擇肩膀有寬度的式樣，提供平衡感。

Holidays 假日

假日是穿方便、休閒和簡單衣服的時間，從來就不是穿看起來像化妝舞會服的花俏服裝的時間。

妳可以穿裙子、寬鬆的褲子、軟呢服裝或棉料服、毛線襯衫或寬鬆上衣，可以穿妳所希望的所有舒適、華麗和休閒的衣服。

但妳必須經常保持優雅。我現在想說，我認爲英國女人非常了解要如何爲「運動」和「假日」穿衣服。就這兩種場合而言，全世界的女人都必須向她們學習。

第九章

I

Individuality 個性

除非我們被轉變成機器人——我希望這樣的時間永遠不會到來——否則「個性」將一直是眞正優雅的條件之一。

縱使妳無法經常量身定做衣服，也要去發現剛好適合妳個性的現成衣服。

在這個大量生產的時代，妳還是可能在提供給妳的很多種衣服當中，去發現眞正屬於妳的類型。要清楚地了解自己的個性，並且永遠不要忘記，個性並不是意味著怪癖。

優雅的女人不會像奴隸般遵從時尚。如果一種特別新的款式不適合妳，那就不要去理會它。每個新季節不會僅有一種新款式，會有很多款式——完全要靠妳發揮自己的美好品味去選擇最適合的款式。

Interest 興趣

以前的女人從來不像現在的女人那樣有興趣於時裝，以前從來沒有像現在這樣——全世界的女人都能夠很容易接觸時裝。

沒有很多年前，只有很少數幸運的人才能夠來到巴黎，讓當時的卓越女裝設計師——薇歐奈（Vionnet）、沃斯（Worth）、香奈兒（Chanel）等——在她們身上穿上衣服。今日，經由時裝雜誌以及批發的時裝公司，世界的女裝設計師的創造藝術很容易就被每個女人所買到。

每一季新的服裝系列都在各國的媒體中被詳細報導，離法國幾千里外的女人都能在幾小時內獲知最新的式樣。她們可以拷貝一生獻身於時裝的人的想法；她們可以在好幾百種不同的設計中做選擇，她們擁有比她們的祖母更大的優勢！但是，在所有這種時裝新聞和細節蜂擁的情況下，今日摩登女人的問題是如何運用她們自己的美好品味和判斷力，只選擇適合她們的時裝。

無論妳多麼讚賞穿在別人身上的某件衣服或大衣，在妳自己穿上類似的衣服時，妳必須想著：「這件衣服對我，會有什麼好處」。除非它吻合妳的個性、年紀、身材，否則妳必須選擇別的衣服。

第十章

J

Jackets 外套

箱式外套幾乎跟套裝一樣重要。很多稍胖的女人可以選擇穿箱式外套，而不是套裝。它可以隱藏一切，經常顯得優雅又宜人。我喜歡箱式外套。

箱式外套必須與細長的裙子一起穿。如搭配打摺的裙子，有時可能很宜人，但這樣穿起來不舒適，我不建議。

箱式外套通常也很方便，因爲妳可以搭配細長的裙子，加上無袖上衣，妳也可以搭配毛料衣服，保持溫暖，甚至搭配套裝。由於外套通常是妳的衣櫥中的一件「額外」的衣服，所以妳可以選擇鮮豔的色彩——也許是紅色、草莓色、深藍或鮮綠色，取決於妳個人的品味。

Jewelry 珠寶

眞正的珠寶是奢華的最高點。我喜歡最精緻的珠寶，勝過最大的珠寶。在指頭上戴上大鑽石只是意味妳有很多錢，並沒有任何「優雅」的意味。

我認爲，寶石的品質、珠寶的款式以及做工的完美，遠比寶石的大小更重要。

在以前的世紀中，有些只用金子和翡翠做成的美妙珠寶，它們比世界上最大的寶石更美，因為它們是藝術，是創造出來的。

但沒法擁有很多眞正的珠寶的女人，可以使用人造珠寶。人造珠寶是替合宜的衣服加分的很棒的方法。

人造珠寶不同於眞正的珠寶，這兩者不能混淆，也不能一起使用。

一般而言，我會建議大方地使用珠寶，讓它發揮最大的功能。例如，一條有很多人造寶石的項鍊，如果搭配一件露肩晚服，會看起來很可愛。如果午後穿上一件精美的黑色針織毛線襯衫，也同樣很搭配。

最近幾年，沉重的鍍金珠寶也很流行。它會為妳的衣服增加一種宜人、明亮的貴重特性。一般而言，珠寶的使用是品味、經濟情況、社會情況的問題，妳必須謹愼使用。

例如，有時很多排的珠寶看起來很迷人，但是如果妳戴著去購物，就會很荒謬。

就像時尚中的一切一樣，品味的問題比金錢重要。有些人總會把胸飾佩帶在同樣的地方——一件衣服的頸部或一件套裝的翻領。另一個具有時尚感的女人則會把同樣的胸飾跟一條彩色薄綢圍巾別在套裝的臀部口袋——這會看起來很奇妙，增加兩倍的效果。

第十一章

K

Key to Good Dressing 美好穿著的訣竅

並沒有訣竅。

如果有的話，事情就會很容易，富有的女人可以購買訣竅，所有時尚方面的憂慮就會一掃而空。

但是「簡單」、「打扮」和「美好的品味」——時尚的三個基本原理——卻是買不到的。

但它們卻可以學得到，無論妳是富是貧都學得到。

Knitwear 編織的衣物

編織的衣物於二十年代出現在高級女裝時尚中，現今仍然很高雅，我希望會永遠持續下去。

親手去做一件東西，總是會令人很滿意，我想，這是爲何編織的衣物如此流行的原因。編織得很美是一種偉大的藝術。用精緻的毛線編織出圖案優雅的美麗衣服，就像一張畫那樣是偉大的藝術品，並且更加實用！

把幾球毛線轉變成一件可愛的衣服，這是一種偉大的成就！

無論在城市或鄉村，我都喜歡針織衫。我喜歡各種顏色的針織衫。但黑色針織衫——以最柔軟的毛線織成（妳知道，最精緻的品質一直是很基本的），也許是女人在衣櫥中擁有的最有用的衣服。

妳永遠不會想要擁有式樣太花俏的針織衫，花俏的針法本身就足夠了。我個人不認爲有什麼式樣會比持續很多年的樸素、經典式樣更美好。

要記住，長袖針織衫就像所有長袖衣服一樣，袖子不要長得蓋住腕骨，這是不討人喜歡的。最近幾年，編織的衣物的標準已有很大的改進。妳現在可以買到一天中每小時都適合穿的編織衣物，包括雞尾酒會時穿的講究、高雅的衣服，以及厚重的運動服。

第十二章

L

Lace 蕾絲

蕾絲原本是美麗又昂貴的手工製品，現今機器的大量製造已經可以使每個女人都擁有它了。

我喜愛在晚禮服上使用蕾絲，或者在雞尾酒會禮服上，或者在寬鬆的上衣上。我不喜歡用它來當裝飾品，容易看起來很老氣。一件黑色衣服上的一個小小蕾絲衣領會看起來很迷人，但必須謹慎選擇，妳不會想要看起來像「小公子（Little Lord Fauntleroy）①」！

如果穿在黑色套裝下面或配上一件寬鬆的派對裙子，蕾絲的寬鬆上衣會看起來很迷人，但蕾絲是一種貴重又精心製作的材料，應該使用在很簡單的式樣中。如果布料本身很花俏，就需要簡單的花樣來彰顯其最大優點。

晚禮服也是如此——要選擇非常簡單的式樣，不要選擇複雜的裝飾或複雜的裁樣。

Leopard 豹紋衣料

有一段很長的時間，豹紋衣料被用來做爲一種「炫耀」性皮草。我個人認爲它適合很講究的大衣，白天和晚上都很宜人。

但穿豹紋衣服時，妳必須具備一種透露些微世故成分的女性氣質。如果妳長得美麗又可愛，就不要穿這種衣服。

Linen 亞麻布

儘管有棉製品的強烈競爭，我還是認爲亞麻布是夏天的頂尖布料。它讓人感覺涼爽、清新，同時跟絲料或毛料一樣貴重。

亞麻布爲色彩提供其他材料所沒有的精緻特性。除了看起來很不錯外，亞麻布是很傳統的材料——耐穿、容易處理。

---

① Little Lord Fauntleroy，英國作家法蘭西絲·霍森·柏納特（Frances Hodgson Burnett）作品中的主角。

亞麻布很容易縫製——就像毛料——套裝、女裝或甚至夏日大衣都同樣適宜。

在天氣炎熱的城市中，暗色——最好是黑色——的亞麻布套裝再好不過了。如果是在鄉村，則有數以百計的輕淡和明亮的可愛色彩可以選擇。

Lingerie 內衣

關於內衣，我的說法大約跟襯裡一樣——要使用一流品質的材料。內衣必須是很精緻的。這並不意味必須全是刺繡的，或飾滿蕾絲，而是說必須剪裁得很適當，用最精美的布料製成。

我們的母親習慣花很多時間和金錢在內衣上，我認爲她們是對的。眞正的高雅要表現在每個地方，特別是在不露出來的東西上。

就心理學上而言也是如此。縱使妳穿上最美麗的衣服，但如果妳知道自己的內衣並沒有同樣很美，那妳永遠也不會有最好的感覺。

還有，如果妳的內衣剪裁不是非常貼身，則外面的衣服穿起來也不會顯得很完美。可愛的內衣是美好穿著的基礎。

Linings 襯裡

在現代的縫製衣服方法中，襯裡是很重要的。隱藏在裡面的東西有時比顯現出來的東西更重要！

一套很好的衣服不僅是由妳所看到的材料構成，更是由襯裡所構成，因爲襯裡形塑成衣服。現今，大部分的衣服都是這樣縫製的。

精確地說，襯裡對於大衣和外套都是很重要的。如果襯裡與妳穿的衣服或上衣很搭配，那是極爲高雅的。

永遠不要使用廉價的材料做襯裡——這是錯誤的省錢方法。一般而言，凡是沒有顯現出來，或顯現得很少的東西，都應該用與顯現出來的東西一樣好——就算不是更好——的材料去縫製。

第十三章

M

Materials 材料

在選擇縫製衣服的材料時，再怎麼謹慎也不爲過。女裝設計師最大的困難之一就是找到正確的材料表達自己的想法。

有時候，爲了縫製一小件黑色衣服，我們必須比較二十或三十種不同品質的黑色毛料。妳自己要縫製一件衣服時，也要同樣小心地選擇材料。

除了確定材料的色彩適合之外——這意味著妳必須藉由日光和燈光看清材料——還要斟酌材料的重量和質地，確定它適合妳心目中的式樣。

如果妳認爲，任何材料都可以縫製某種式樣，那就錯了。錯誤的選擇可能毀了最佳的設計。所以，如果妳是根據女裝樣本製作一件衣服，除非妳很確定是自己的品味，不然就要選擇一種在重量和圖樣方面都接近原始樣本的材料。妳要知道女裝設計師在做選擇之前已經花了很多心思，妳最好善加利用他的經驗。

一般而言，當妳選擇了一種複雜的式樣時，妳就需要一種簡單的布料。當妳選了貴重和奢華的布料時，妳就要使用簡單的式樣。

有些材料比其他材料難以處理——精緻地織成的毛料、棉料、亞麻布料和純絲通常都容易處理。

薄綢比較難處理。就像我以前所說的，薄綢應該只由有經驗的裁縫師來處理。天鵝絨有時也會有點難以處理。

在所有布料中，澤西布（jersey）——包括絲料和毛料澤西布——最容易做爲褶綴之用，而精緻的毛料和厚重的亞麻布最適合裁縫之用。

在選擇材料時也請不要忘記，小圖樣最適合矮小的人，而較大膽的圖樣會彰顯高大的人（不胖）的優勢。諸如灰色法蘭絨這種衣料也是一樣，妳應該根據妳的身材大小來選擇顏色——淡灰色適合嬌小的身材；暗灰色適合不是很苗條的身材。

毛料——厚、軟、淡紅，是迪奧為這件美麗的大衣所做的選擇。

軟呢是這套灰色套裝——加上黑色配件——的完美材料。

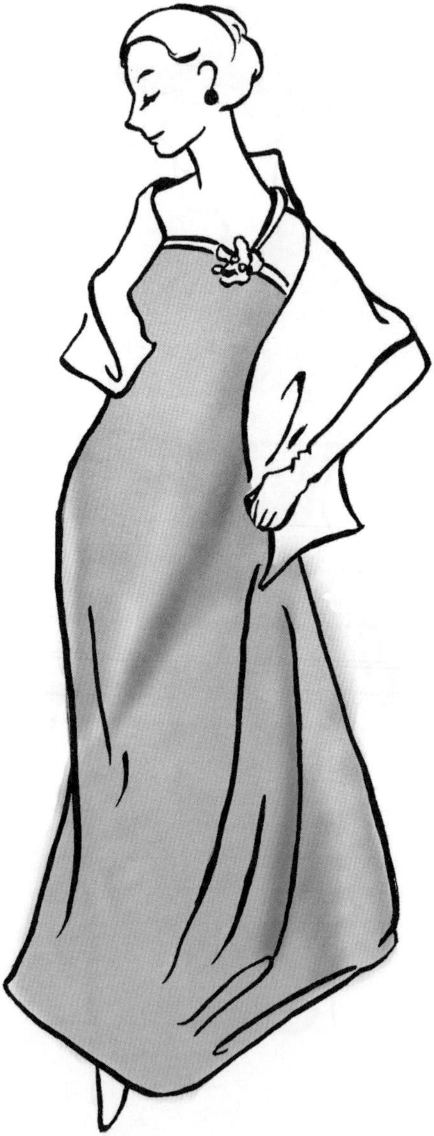

緞子適合一件舞會禮服——剪裁很簡單，強調發亮的布料。

就這件衣緣細長的露肩黑色雞尾酒會禮服而言，天鵝絨是可愛的材料。

Mink 貂皮

貂皮是最佳又最宜人的皮草。在某些國家中，貂皮大衣等同於某種生活水準和社會地位。當然，貂皮是美妙的皮草，但是選擇它時不要基於價錢，而要基於品質。一般的說法是，淡色貂皮勝過暗色貂皮。但是，就像所有的皮草一樣，我認爲，對妳而言最好的貂皮是與妳膚色相配的貂皮。

如果妳的頭髮是暗色的，通常暗色的皮草對妳而言是最好的，反之亦然。

第十四章

N

Net 網狀布

網狀布是縫製某種羅曼蒂克晚禮服的理想材料，特別適合年輕女孩，用來縫製第一件晚禮服是很可愛的。

妳必須大量的使用它。一件網狀布衣服應該至少有三層網，且很寬鬆（網狀布是很廉價的布料，一件衣服中使用很多碼並不算過度）。

網狀布最大的魅力在於它給人輕盈和透明的印象。一件網狀布衣服總能看起來清新又輕脆。如果網狀布衣服有皺褶的話，看起來會很難看。網狀布很容易熨燙，沒有理由不讓它看起來很完美。

我說必須至少有三層網狀布，意思並不是全都必須是同樣顏色——譬如說，三種藍色色調，或白色加上兩種淡灰色色調，是很不錯的。妳在混合顏色時，要很小心——有時淡紅色和藍色會看起來太過「甜蜜」。

如果妳有一件晚禮服，則其魅力是在於大而寬鬆的衣緣。為了加以平衡，妳只需要穿一件用不同材料縫製成的簡單緊身上衣。

Neutral Shades 中性色調

中性色調適合很多鄉村或非正式套裝和女裝。我個人喜愛幾乎適合每個人的灰色。

灰色像黑色一樣是很方便的顏色，幾乎所有的顏色與它搭配看起來都很不錯——灰色與白色、灰色與黃色、灰色與深紅色。如果妳有一件灰色套裝或大衣，妳可以選擇妳最喜歡的顏色與之搭配。

如果妳想要選擇正確的灰色色調，有兩種方法：妳可以根據自己眼睛的顏色或根據身材的大小去選擇。

如果妳的眼睛是藍色、淡褐色或淡灰色，那麼淡灰色色調會很適合妳。

如果妳的眼睛是暗灰色或棕色，那麼暗灰色會最適合妳。

嬌小的人穿淡灰色的衣服看起來最宜人，較大塊頭的人則需要暗色色調。

米色也是迷人的色調，看起來會極爲高雅，但米色比灰色難搭配衣服。如要穿米色衣服，妳必須有很好的膚色。如果妳看起來有點病黃色，那麼就不要穿米色衣服。就像灰色，米色也有很多不同色調——在選擇最適合妳的顏色時，要應用同樣的原則：身體較小，就選較淡的顏色，身體較大，就選較暗的顏色！

Nonsense 荒唐

在時裝之中，荒唐的情況有：大草帽搭配雨衣；雨衣搭配晚禮服；粗糙堅固的鞋子搭配雞尾酒會禮服；高跟鞋搭配寬鬆的褲子；三月之後穿天鵝絨衣服；蕾絲配軟呢。我可以寫一本有關時裝中的荒唐情況的書！

太多的女人忘記一件事：即使是最極端的時裝也必須在某方面合乎情理。美好的時裝經常是自然的進化，是以常識爲基礎的。

我不喜歡取巧的時裝——只爲了出名而設計。它們也許很吸睛，但從來就不會是高雅的。

Nylon 尼龍

我個人不會用尼龍縫製衣服。我認爲，我們還要研發這種材料很多年，它才會適合縫製衣服——除非是縫製運動服或海灘服。

但是，我確實知道尼龍很方便縫製內衣，並且從洗燙的觀點來看，我欣賞它的用途。

第十五章

O

Occasions 場合

一般而言，過度裝飾是很不好的事，但我認為，在某些情況下，裝飾不足是很不禮貌又錯誤的。

如果妳要在某個場合扮演重要的角色，那妳就必須穿特別的衣服。

誰會想像在一場盛大的婚禮中新娘穿著灰色的套裝呢？伴娘要穿得很好看，這跟新娘要穿得很好看是一樣重要的；伴娘的穿著必須比新娘稍微不那麼隆重，且要與新娘互補。

加冕典禮的場合需要穿得很隆重，而禮服和頭飾看起來會多麼美妙啊！

現在的衣服有多重功能，妳沒有任何理由不能在大部分晚上的場合穿得很得體——就算妳必須直接從辦公室出發。

一些小巧的衣服有可以分開的短上衣，再加上帽子的變換，能夠讓妳整天都穿得很得體。

Older Women 年紀較大的女人

我以前說過，今日是不會有老女人的，我們只會有年紀比其他女人大的女人。

在某個年紀之後——或者應該說是在身體呈現某種程度的大小之後——就要忘記小女孩的時裝，忘記太長的頭髮，太美的式樣，但這並不意味說，妳必須經常穿黑色、灰色或棕色的衣服。

我知道有很多女人，她們在夏天或晚上穿淡色衣服，如粉紅、淡藍或白色時確實顯得很優雅。

就像妳必須避免童稚的衣服，妳也必須避免太老氣的顏色，如紫色，以及太老氣的布料，如錦緞，以及某種黑色和灰色的蕾絲。

白髮是最美麗不過了。當一個女人頭髮轉白時，她通常已經擁有相當迷人的莊嚴和女性氣質，所以她能選擇有著柔和線條的高雅衣服——不會太世故，也不會太具男性意味。

Ornaments 裝飾品

在我們所生活的時代，裝飾品，無論在時裝或室內陳設之中，通常都很膚淺。凡是沒有基本存在理由的東西都是不必要的。我們喜愛純粹的設計款式，違背這一點就是錯誤的。

如果裝飾品不是整體設計的一部分，它對衣服就沒有什麼作用。如果一件衣服的基本設計款式是錯誤的，那麼再怎麼裝飾也無法彌補。

在爲一件衣服增加「零碎的東西」時要小心——這樣做很少能發揮作用。如果妳不喜歡一件衣服原先的樣子，那就不要購買。

第十六章

P

Padding 墊塞

如果想改正和突顯時裝所希望強調的一些部分，墊塞是一種方法。有幾年的時間，肩墊是套裝必要的部分，但現今時尚是要看起來比較自然，所以較不需要墊塞——只有當妳的肩膀太傾斜時，才需要它。

如要改正小小的身材缺點，墊塞也很有用——但只有假手於有經驗的裁縫師才有用。

Perfume 香水

自有文明以來，香水就一直爲人使用，被認爲是女人吸引力的一個不可或缺的部分。

我年輕的時候，女人比現在更加常使用香水。我認爲那是很棒的事實；我很遺憾，現在有更多的女人並不是很大方地使用香水。

香水就像妳的衣服，可以在相當的程度上表現妳的個性，妳也可以根據心情更換使用的香水。

我認爲，女人使用很棒的香水，跟她穿很美的衣服一樣重要。不要認爲只有妳身上才需要噴香水；妳也可以讓整個房子，特別是妳的房間散發香水味。

Persian lamb 波斯羔羊皮

波斯羔羊皮一直很流行。我從孩提時期以來，就看到女人以不同的方式穿波斯羔羊皮衣服。穿這種衣服會看起來很棒，很年輕，但卻要以簡單的方法使用它。要避免太講究的式樣。波斯羔羊皮本身有點花俏，所以需要以簡單的方式使用。

我喜愛用波斯羔羊皮來裝飾套裝和大衣——很是高雅。

Petticoats 襯裙

如果配上寬鬆的衣服，襯裙會顯示出很大的重要性。如果穿衣服時，襯裙穿在下面，或沒有穿，那是很枯燥無味的。這樣的話，布料會垂在身體上非常難看。

僵硬的襯裙會爲衣服提供很迷人和很具女性氣質的輪廓，其實它應該被認爲是衣服的一部分。

如果妳自己縫製一件需要寬鬆襯裙的新衣服，那妳一定要特別縫製一件襯裙。用已經有的襯裙，感覺不會很好，因爲它也許不會適合。

Pink 粉紅色

粉紅色是所有顏色中最可愛的。每個女人在衣櫥裡都會有粉紅色衣服。它是象徵快樂和女性氣質的顏色。

我喜歡把這種顏色使用在上衣和圍巾上；我喜歡把它使用在年輕女孩的衣服上。如用在套裝和大衣上，這種顏色會很迷人，如用在晚服上則會很美妙。

Piping 滾邊

如果在材料上割了一個口（例如鈕扣洞），滾邊有時是一種必要的裝飾方法。我喜歡在女人的衣服上使用滾邊鈕扣洞——針縫鈕扣洞則通常用在男性衣服上。使用滾邊的另一種方法是藉以強調線條——這方面會很有效果。滾邊特別適合在203頁所提到的「公主線條」。有時妳可以使用同樣的材料來縫製滾邊，有時則可以在顏色和材料方面都形成對比。

Piqué 硬質棉布

硬質棉布是一種很可愛的材料。有很長的時間，我們只以它做爲裝飾之用，現在我們喜愛用它來縫製衣服。這種材料已經有了很大的改良，現在也很適合用來縫製套裝與大衣。

但人們仍然最喜歡以這種布料做爲裝飾之用——衣領、袖口、滾邊等。

Pleats 活褶

有多年的時間，活褶已經——並將繼續——成爲很重要的時尚。我喜愛活褶，因爲它們具有女性氣質、顯得有活力又很動人。它們總是顯示出我很喜歡的簡單外表。它們讓人看起來很年輕。

有了活褶，妳可以讓衣服顯得非常寬鬆，但不會看起來隆起的樣子。它們有讓人看起來苗條的作用，幾乎適合每個女人。

它們也很多變——妳可以有箱形、手風琴形、沒燙平、顛倒以及輻射線形的活褶——全都有其用途。

Pockets 口袋

口袋最初是衣服很有用的一部分，但現在很常被用來當裝飾品，或做爲打散輪廓的方法。

口袋是強調胸圍或臀圍很方便的方法——兩個垂直的口袋有使胸圍或臀圍變小的很好效果。

有了口袋，妳可以很容易就讓服裝發揮很棒的顏色修飾作用——如果妳在口袋中放進一條淡色材料的手帕。

在毛料衣服上縫製很大的明袋。

迪奧在訂做的套裝上縫製整齊的狹長口袋。

還有一點——如果妳感覺很尷尬，不知道怎麼處理雙手，那麼口袋對妳會很有幫助。

Princess Line 公主線條

由於「公主線條」很長，所以如果妳身材豐滿，它會讓妳變得苗條，如果妳身材嬌小，它會讓妳看起來很高。難怪它很受歡迎。

Purple 紫色

紫色——顏色之王，但必須非常小心使用它，因爲它不會讓人看起來年輕，而且它也不會顯得華麗。

但是如果妳夠年輕，那就可以穿紫色毛料大衣，或紫色天鵝絨女裝，那會看起來很棒。再者，紫色是一種需要好膚色來搭配的顏色。一般而言，我認爲膚色很黝黑或很白皙的女人穿紫色衣服最好看。但這種顏色充滿風險且不是很方便，因爲妳可能會很容易厭倦它。

第十七章

Q

Quality 品質

品質是「優雅」的基本要件。我總是會把「質」放在「量」之前。

無論妳是買衣服或做衣服，要選妳能力範圍內最佳的材料。寧願有一件材料品質良好的衣服，也不要有兩件布料廉價的衣服。

品質良好的材料並不是一種奢侈——這種材料可以讓妳穿很多年。無論是手套和鞋子的皮、帽子的毛織品，或衣服的布料，選擇能力範圍內最佳的品質總是值得的。

Quilting 間棉

間棉有時可以成爲冬天大衣很好的襯料。如果妳想要的話，可以選擇對照性的顏色。如果是暗色的大衣，那麼選擇與妳的衣服相配的鮮紅色或藍色會讓人有愉快的感覺。

要避免使用間棉當裝飾品——它看起來很廉價。任何形式的間棉對於豐滿的女人而言都是有風險的。

最近，間棉裙很流行。我認爲，這種裙子對於少女而言很具歡樂氣息。如果妳想穿得很優雅，我不建議妳穿這種裙子。

第十八章

R

Rainwear 雨衣

就像所有功能性的東西一樣，雨衣最好具簡單和必要的線條。過去很多年，雨衣總是以淡褐色的材料製成，但現在已有很多可愛的防水布料，所以雨衣幾乎可以用各種材料製成。

縱使如此，我們卻不能以像處理平常大衣的方式去處理雨衣，因爲雨衣的主要功能是保護妳不要淋雨。因此，最重要的是，從頭到衣緣都遮蔽得很好，袖子也不要太寬。

Rayon 人造絲

現今，人造絲本身就能夠成爲一種衣料，不只是其他衣料的仿造。我認爲，人造絲就這方面而言是很好的。有些衣料只能用人造絲製造——如一些緞子。但是，一旦使用人造絲當代用品，例如取代純絲布，它當然只會是次好的。

Red 紅色

紅色是很有活力又有益的顏色。它是生命的顏色。我喜歡紅色，我認爲它幾乎適合所有的膚色，任何時間穿紅色的衣服也都適合。

鮮紅色——深紅色、郵筒紅、豔紅色、櫻桃紅是華麗又青春的。也許，稍微陰沉的紅色對於不是很年輕的女人較好——對於不是很苗條的女人也是如此。

但是，確實有一種對每個人都適合的紅色。如果妳不喜歡一整件紅色的女裝或套裝，那麼妳可以用紅色來製作配件。一頂紅帽搭配全黑或灰色服裝是很不錯的，不然就是一條厚絲布製成的紅領巾搭配奶油色女裝，或紅色雨傘搭配灰色大衣。

冬天的時候，我認爲穿紅大衣是很棒的，因爲紅色是看起來很溫暖的顏色。如果妳大部分的衣服和套裝都是中性色調，那麼一件紅色大衣會跟這些衣服和套裝搭配得很好。

Ribbon 絲帶

一個小小的絲帶蝴蝶結，一直是最爲女人喜歡和最具女性氣質的裝飾品。妳很少不會在女人衣服的某個地方發現一個蝴蝶結。

妳可以擁有各種大小以及幾乎各種材料的蝴蝶結。我認爲，蝴蝶結是繫結衣服頸部或繫結飾帶最美好的方法。

繫蝴蝶結確實是一種藝術，如果用起縐的絲帶，就無法繫得很得體。

除了當做蝴蝶結之外，絲帶在裝飾方面也很有用，不只是用來裝飾帽子。妳可以把它用在袖子、袖口、短褂、羊毛衣、衣領和飾帶上。

第十九章

S

Sable 黑貂

黑貂是皮草之后，是最美、最昂貴的皮草，是最適合的皮草。我很喜愛它。

Satin 緞子

緞子是縫製晚禮服最迷人同時又最方便的材料。妳可以獲得顏色最可愛的緞子。人造絲緞跟天然絲緞的品質不同，兩者都很不錯，取決於用法。人造絲緞稍微硬一點，而天然絲緞比較適合用來裝飾。

Scarves 圍巾

在很多情況下，圍巾為衣服提供最終的修飾。但是，妳必須先實驗以及嘗試很多不同的繫圍巾方法，最後才會發現最適合的方法。這是很涉及到個人狀況的事情。適合一個女人的方法不一定適合另一個女人。

圍巾之於女人猶如領帶之於男人。妳繫圍巾的方式是妳個性的一部分。

Seal 海豹皮

海豹皮是適合運動服上衣的迷人皮草，對年輕女孩而言特別方便。不要將它跟絲綢服或講究的套裝搭配，這是錯誤的行為。

Seasons 季節

在時裝世界中，我們越來越把一年分爲三季，而不是四季，秋季和冬季算是一季。春天和夏天基於兩個原因微微不同——首先，假日需要不同的衣服，而在春天，溫度的差異需要比在冬天時更輕薄的衣料。

製作或購買新衣服的眞正時間是在春天和秋天——夏天是準備假日衣服的特別季節。

Separates 可分開穿的女裝

我喜愛可分開穿的女裝。這種服裝很迷人、看起來年輕、實用又華麗。收入少的女人可以擁有多件這類型的服裝，讓她們衣櫥裡的衣服有變化。

這種衣服在夏天特別棒——材料包括亞麻布料、棉料、絲料和精緻的羊毛料。我也縫製了很多兩件式衣服，因爲這樣比較方便。

如果是穿可分開的女裝，那麼妳上面部分的衣服和裙子可以是同樣或對照性的顏色和材料，但如果是穿著寬鬆的裙子，要有細腰且繫上好看的腰帶。

這種衣服在晚上穿時看起來有點休閒的意味，我認爲只適合在度假勝地穿。

Shoes 鞋子

選鞋子再怎麼小心也不爲過。太多的女人認爲鞋子是穿在身體下面的地方，所以並不重要，但人們卻可以從一個女人的鞋子判斷她是否優雅。

好的鞋子有很多種，但必須適合妳所穿的衣服。包鞋搭配任何衣服都很適當。我厭惡任何種類的花俏鞋子；除非是晚上，否則我不是很喜歡彩色的鞋子。

鞋子有兩個基本要點——首先，它們應該是好品質的皮革或小羊皮製成，其次，式樣應該簡單、古典。黑色、棕色、白色以及深藍色確實是最好的（但白色鞋子容易讓妳的腳看起來很大）。

鞋跟的形狀很重要——除非在鄉村以及運動時穿，否則鞋跟不應該太平坦，並且也不要太高，否則會看起來很粗俗。無論如何，重要的是：鞋子應該讓人穿起來舒服。不舒服的鞋子會讓妳走起路來很不好看，就算穿上世界上最美麗的衣服也會顯得不好看。

如果妳的腳很長，請不要隱藏這個事實，而是要找到讓妳的腳看起來狹窄的鞋子。狹窄的腳總是看起來很不錯。

Shoulderline 肩線

有很多年的時間，肩線都是很自然的。我個人從來就不喜歡那種不具女性氣質又有一點挑釁意味的肩線。

當然，肩線每年都會隨著時尚而稍微有改變，但是，如果妳的腰圍不是很小，則有一點肩墊總是好的。妳的肩有寬度會使腰圍看起來較小。

肩部剪裁得非常恰當，對任何衣服而言都是重要的。我要說的是，如果一件套裝或大衣的肩膀部分不合身，那就不要購買。

Silk 絲綢

絲綢是衆布料之后。它最爲可愛、最具女性氣質、最迷人，我們自己不能製造而大自然提供給我們的東西的所有特性，它都具有。

妳可以從下午到午夜都穿絲綢，可以從午夜穿到早上起床，因爲世界上再也沒有其他東西比絲綢更適合縫製睡衣！

妳可以用絲綢縫製任何種類的衣服——剪裁合身的襯衫、裝飾得很美的下午裝、雞尾酒會禮服以及舞會禮服。

以絲綢縫製的套裝——無論是有花樣或無花樣的——以古典方式縫製的合身服裝，或講究的下午套裝，都很可愛。

以絲綢縫製的大衣——最近很流行的飄垂防塵大衣，或以厚重絲綢縫製的合身大衣——都很可愛。

以絲綢縫製的寬鬆上衣、內襯、內衣，都很可愛。它是最可愛的布料。

Skirts 裙子

很少有女人各種類型的裙子都可以穿，只有腰圍很細、臀部不大的女人才做得到，其餘的女人必須選擇最適當的裙子——寬鬆的裙子或直直的裙子——一旦妳發現正確類型的裙子，就要固守住。

裙子越簡單，就一定越適合。苗條的裙子不能太直，它會使妳移動困難——這是很荒謬的。像所有流行的東西一樣，妳的衣服必須讓妳感覺很容易穿它。

寬鬆的裙子也必須剪裁得很適當，不讓腰部四周隆起。基於這個理由，向外張開或縫有活褶的裙子，通常比縫有碎褶的裙子更討喜。如果需要讓臀部顯得很寬（也許爲了強調腰部），那麼最好是控制墊塞的寬度，而不是增加布料。

有活褶的裙子特別適合，因爲它們可以像寬鬆的裙子一樣讓人充分活動，卻又保持直線的形狀。

Stockings 長襪

長襪是尼龍王國。當然，長襪必須品質很好，這是常識。要去發現與妳的皮膚搭配的色調。要記得，暗色色調會讓人看起來苗條。

白天和晚上之間，尼龍的厚度會有差異——晚上時應該是比較精緻，比較輕的。

Stoles 長披肩

長披肩有兩種用途。第一是，如果妳穿露肩禮服，可用長披肩來遮蓋肩部。其次，如果妳上街覺得穿得不夠多，則長披肩可以取代短外套，讓妳的衣服看起來像上街的樣子。如果妳夠聰明，以高雅的方式裝飾長披肩，它會有助於表現優雅的移動姿態，但是，如果把長披肩鬆弛地披在衣服上，那是最難看的。所以，如果妳無法把長披肩披得很好看，那就不要披。

長披肩可以跟妳穿的女裝或套裝同一材料，或在顏色和質地方面形成對照。晚上時，穿諸如網狀布或薄綿紗的輕便材料的衣服是很具女性氣質的。當然，皮草長披肩是既溫暖又優雅的。

Stripes 條紋

條紋是花俏布料裡一種很好看又方便的圖樣，但很難運用，因爲當妳運用條紋時，妳必須讓衣服的每一部分都保有同樣的紋路。

如果妳以垂直的方式運用條紋，則會看起來很苗條，但很有難度，因爲有褶子，身體又有曲線。

如果以水平的方式運用條紋，則會很迷人，但不適合豐滿的女人，因爲此時條紋會使身體看起來很矮。

我要說：永遠不要以條紋來做實驗。如果妳要縫製一件衣服，就不要讓有條紋的布料去迎合那並不是爲了布料特別設計的式樣。

當然，條紋的寬度必須符合妳身體的大小，這是常識。小條紋適合小身材的女人，以此類推。

條紋很難使用，因為妳必須讓衣服的每一部分都保有同樣的紋路。在這件女裝中，迪奧把問題解決了：只用條紋來裝飾裙子和緊身上衣——緊身上衣本身則是樸素的黑色。

條紋很鮮豔——迪奧特別在這套有趣的帽子加皮手套的女裝上使用黑白相間的斑馬條紋。

Suits 套裝

自從本世紀初以來，套裝在女人的衣櫥中已經變得越來越重要。今日，它也許是女人所能擁有的最重要的衣服。

雖然女人的套裝是採自男人的一種時尚，但我卻不喜歡套裝縫製得像男人的西裝——太男性化了。材料和式樣都必須有差異。

妳可以找到幾乎每種場合都可以穿的套裝，從早晨到晚上，不過套裝其實並不適合晚上；我不喜歡夜晚的套裝。

如果是白天在城市，則以光滑的材料縫製的暗色套裝最佳。如果黑色適合妳，就選黑色。就「優雅」和「有效性」而言，「黑色小套裝」是無與倫比的。

僅次於黑色是灰色和深藍色，然後是暗綠色。

如果妳過著「雙重生活」——一半在城市，一半在鄉村，並且想要在兩地都穿同樣的衣服，那麼，灰色對妳而言是最方便的。

如果妳想要有一件鄉村套裝，最好是選擇用妳所在的鄉村很出名的可愛軟呢裁成的套裝。英國女人穿軟呢裝很美，但她們有時容易選太男性化的式樣。在花樣方面，軟呢完全不需要很花俏，但同時也不必要把它裁成像男人的西裝。

就夏天而言，我認爲亞麻布套裝是很棒的。如在城市穿，則選用暗色；如在鄉下和海邊穿，則選用白色或輕淡色調。

亞麻布裁剪起來會很美，像毛料一樣，並且如果裁剪成簡單、古典式樣，會看起來最爲優雅。如果是下午裝，則絲綢套裝看起來最可愛，而現今彩色印花絲綢也很流行。至於特別的場合，如賽馬會、「宮廷花園派對」，或夏天的「歡送會」，我建議選擇穿著絲綢套裝。

我個人喜歡套裝配上合身的外套，但是，如果妳比較喜歡寬鬆的外套，大可以選寬鬆的外套。

第二十章

T

Taffeta 塔夫綢

塔夫綢是縫製雞尾酒會禮服或晚禮服的一種迷人布料。這種布料必須大量使用——如用在很寬鬆的裙子上——否則很容易顯得不好看。

有時它可以用來縫製寬鬆上衣，但會顯得有一點僵硬，最好使用在晚上穿的衣服上。

Tartan 格子花呢

這也許是唯一適合於四季的花俏布料。格子花呢會以某種形狀或形式出現於每個季節中，總是顯得青春又華麗。

但處理這種布料必須小心。格子花呢傳統上當然是使用在蘇格蘭裙子上——如果使用在其他方面，會顯得有點做作。

格子花呢披肩則是另一回事，它們可以用任何的顏色和花樣呈現，但格子花呢本身則在顏色和花樣方面都是可靠的。

格子花呢使用在這件女裝上，顯得很有效果。它是以簡單的襯衫式樣裁成，格子花呢的顏色是綠色、黑色和白色。

Traveling 旅行

基於新的生活和旅行方式以及頻繁的空中旅行，妳的衣服必須與我們的祖母時代大大不同，因爲當時她們都隨身帶著一箱箱的衣服。

如果妳廣遊四方，就需要不占太大空間、不容易起縐以及不太重的特別衣服。

至於旅行時穿在身上的衣服，兩個基本要件是：舒適以及不起縐。最實際的穿著是：冬天時穿一件古典的駱駝毛大衣加上一件毛料日裝，夏天時也許穿一件亞麻布套裝。

Trimming 裝飾品

裝飾品時常是很迷人的，但它們從來就不會成爲一件衣服。衣服美好的剪裁式樣是最基本的，太多的裝飾品總是錯誤的。

各種的裝飾品首先必須設計成爲衣服的一部分——如果之後再加上去，會造成傷害。

Tucks 褶襉

兩次大戰期間，褶襉大量爲人使用。現今女裝設計的藝術比較著重在造型和布料紋理的使用。但褶襉用在寬鬆上衣、輕便縐紗或薄綢女裝上，仍然很吸引人，特別是在襯衫式樣的女裝上更是如此。

Tweed 軟呢

軟呢是最受歡迎的英國材料。每個國家都仿造軟呢，但都比不上英國所製造的軟呢。

過去幾年，軟呢的用途甚至擴展到講究的套裝上。我認爲軟呢極爲高雅。在鄉村中穿軟呢是「絕對必要」的。

一度我們只有很沉重的軟呢，但現今我們可以擁有各種重量、品質和顏色的軟呢。

第二十一章

U

Umbrellas 雨傘

由於現代生活的便利性，雨傘現今比較被當作配件而不是必需品來使用。但是由於在大城市停車困難，雨傘將變得越來越有用！

如要眞正顯得優雅，雨傘就不要太花俏。我喜歡雨傘的材料是竹子、皮革或木頭，並且必須跟其他配件——手提包、手套等——搭配。

有一個好主意是：一支雨傘配有很多的套子，這樣妳就可以搭配每件衣服的顏色了。

Underskirts 底裙

細長底裙的理想材料是廣東縐紗。它有使身體苗條的作用，又很柔軟。如果要穿蓬鬆女裝，網狀布也許是底裙最好的布料之一，因爲就算走路時它會變得稍微透明，但看起來還是很棒。

襯裙很具女性氣質，要像注意妳的女裝那樣好好注意其顏色和材料。

襯裙必須很小心地剪裁，因爲衣服的外表時常取決於底裙。

第二十二章

V

Variety 多樣性

當然，每個女人的夢想是：每天變換衣服，讓自己每天看起來都不一樣——但這在經濟上是不可能的，我甚至不認爲這會是很棒的事。

當妳看到一個女人穿著美麗的衣服看起來很可愛時，妳會很樂於再度看到她是那樣的。

如果妳有一件最喜愛的衣服，就沒有理由不時常穿它。最好是有很少但卻很好的衣服——就像我以前常說的。妳總是可以用配件、圍巾、花或珠寶來爲妳的基本套裝和女裝提供多樣性。

Veils 面紗

面紗很討喜，但並非經常看起來很年輕。使用面紗要很小心——它們適合女人，卻不適合女孩。

面紗應該是很簡單的——我不是很喜歡花俏的網狀物。有一些圓點會很不錯，不然就是很樸素，並且不要太厚。

跟妳的頭髮顏色相同的面紗會很不錯，甚至可以搭配黑帽。要注意不要戴色彩明亮的面紗，它們很少會吸引人。

Velvet 天鵝絨

天鵝絨是最討喜的材料，最能與膚色搭配。一個天鵝絨裝飾品或天鵝絨衣領，可以完全改變一件外套或一件女裝的外觀。讓天鵝絨貼近皮膚總讓人有很好的感覺。

我喜歡在任何季節用天鵝絨來裝飾——不只在冬天而已——搭配亞麻布通常也很好看，甚至搭配蟬翼紗也是如此。

天鵝絨女裝和天鵝絨大衣也很吸引人，但三月一日之後，穿天鵝絨是不正確的；它是典型的冬天絲料。黑色天鵝絨讓人看來極爲苗條。彩色天鵝絨比較難穿，但搭配所有的暗珠寶色都會很迷人。淡色天鵝絨比較少見，並不是很方便，因爲很容易弄髒，雖然可愛，卻是奢侈品。

天鵝絨可以縫製成很可愛、奢華的晚禮服，但要小心使用，它們容易看起來有點舊。

我個人喜歡黑色天鵝絨下午裝，也許領子飾以白色——這樣會很可愛又透露女性氣質，且適合所有年紀。

Velveteen 棉絲絨

我喜愛棉天鵝絨，但主要是用來縫製寬鬆大衣和外套——它是很難縫製的。只有在妳很苗條時，才用它來縫製合身的套裝、大衣和女裝，因爲它會讓人看起來很胖。

棉絲絨可以裁製成很華麗的晚用披肩——寬鬆的披肩披在肩上，形成可愛的線條。

第二十三章

W

Waistcoats 背心

如果妳不想在套裝上再穿寬鬆上衣，那麼背心是很好的改變，方便又好看。它可以爲妳的套裝及圍巾提供一點色彩，又能保持得很整潔，可以讓妳解開套裝外套的鈕扣。

如果穿樸素的暗色套裝，則背心會讓妳有機會穿上華麗的衣服——格子背心或格子花紋背心看起來很華麗，妳可以用絲綢或毛料來縫製。

Waistline 腰圍

腰圍是女裝裁縫業的關鍵，因爲它爲一件女裝或套裝提供了所有的比例。細腰彰顯女性身體曲線的所有魅力，一直是每個女人的夢想。

有時，時尚改變了腰圍的位置，但我認爲自然的位置其實是最好的。

然而，如果妳的腰圍太粗或太細，妳就必須加以改正，讓妳的胸部和腿部之間形成適當比例。妳必須藉助於腰帶、褶子或顯示腰圍位置的鈕扣，以障眼法呈現正確和適當的比例。當然，妳必須在選擇衣服時記住這一點。

如果妳腰很細，就要避免高腰帶或太常使用緊身上衣，而且也要避免很寬闊的露肩裝——有深度的露肩裝對妳更爲適合。

如果妳的腰很粗，則反其道而行——穿寬闊的露肩裝，繫寬闊的腰帶，佩帶大衣領。用腰帶來強調腰圍總是很棒的——重要的是，妳的腰帶必須合身；一條長長的皮帶垂掛著是最難看的。

The Way You Walk 走路的樣子

沒有很多年以前，女孩子們都會被教導如何走路，我認爲這是十分正確的。今日很多女人應該回到學校，學習好好走路的藝術，因爲這是極爲重要的。

很多女人並不是以美知名，而是以魅力出名——而她們唯一的魅力是她們走路的樣子。走起路來很高貴又輕鬆是不容易的。

有些人天生走路時姿態優雅。但是，如果妳不是天生如此，那就必須去學習這種藝術。如果妳穿上美麗的衣服，卻在走路時無精打采或在坐著時懶懶散散的，衣服很快就皺得像塊破布，那是很荒謬的。

Weddings 婚禮

如果妳要在婚禮中扮演一個角色，就必須認眞爲這種場合穿上特別的衣服。這並不意味說，妳必須插滿羽毛，拖著像新娘那樣長的衣裙。

但是，這當然是場合的問題，妳必須根據婚禮舉行的地點——鄉村、城市、等——來穿衣服。

我認爲，絲綢或精緻的毛料是婚禮場合的最佳材料——要避開太講究的錦緞。我總會建議穿簡單的衣服，但加上不同的東西，讓它顯得特別，不同於平常的客人。

伴娘通常必須穿長禮服——特別是如果新郎是穿大禮服或燕尾服的話。我反對穿大衣加上很長的女裝——但是如果天氣冷，妳可以加上長披肩或短皮草外套。如果妳是婚禮客人，那麼妳也會想要穿很特別的衣服。但是，請不要穿那種會以任何方式使得新娘失色的太顯眼衣服——棕色、灰色、某些綠色色調和中等程度的藍色通常是最佳的顏色。

如果妳要戴一束花，那就不要也佩帶珠寶——否則妳會看起來有點像一棵聖誕樹！

White 白色

就晚上而言，白色比其他顏色更漂亮。在舞會中總會出現一、兩件很顯目的白色女裝。白色顯得純潔又簡單，與任何東西都很搭配。白天時，要很小心使用白色，因爲白色必須是眞正的白色，純潔無瑕。如果妳無法保持這種狀態，那最好不要穿。

但要給人打扮和穿著都很美好的印象，最快的方法就是穿上無瑕的白色衣服：白色的衣領和袖口、白色的領帶、白色的鈕扣、白色的帽子或白色的手套。

Winter Sports 冬季運動服

冬季運動服在冬天的時裝中扮演越來越重要的角色。關於眞正的運動服，我沒有特別的意見，只有一點：必須很方便又簡單，能夠眞正顯得很優雅。

我喜歡運動服是暗色的。如果妳想要穿得很華麗，就加上圍巾，也許加上手套和帽子。「滑雪後」穿的衣服應該透露出快活氣息，顯得簡單、青春。此時，妳可以使用花俏的腰帶和配件——但仍然要有辨識的眼光。我厭惡冬季運動服和海灘服看起來像花俏的女裝。

Wool 毛料

毛料和絲綢都屬於紡織品王國。毛料可以縫製成簡單或講究的衣服，在任何時間穿著，唯一的例外是不能縫製成舞會女裝。毛料有粗糙的、光滑的、暗色的、淡色的、樸素的、花俏的，其多樣化很是奇妙。它跟絲綢一樣，具有美妙的自然特性。

在剪裁毛料之前總要先縮水，以免事後失望。毛料具有優於其他材料的最大優勢：它可以燙成定型，所以用手縫製套裝或很合身的女裝是很理想的。妳越能夠形塑一種材料，就越不需要褶子來使衣服合身——所以在現代時裝中，我們時常使用毛料。它是今日很典型的材料。

第二十四章

X

Xclusive 與眾不同

現今，要擁有眞正與眾不同的東西是很困難的。基於現代的生產和再生產的方法，幾乎不可能只爲妳一人製造一種材料、只爲妳一人特別設計一件衣服。這會是很大的奢侈。

但是妳要與眾不同的方法就是成爲妳自己。要在妳的個性之中發現很不同且會讓妳不同於其他人的東西。

妳必須經常表現得很自然。我從來就不喜歡矯飾。

雖然妳圍的圍巾可能只是好幾千條中的一條，但妳仍然可以藉由披戴的方式而讓它與眾不同！「與眾不同」並不是錢的問題。

當然，如果妳是自己縫製衣服，則較容易會有與眾不同的東西——但這並不意味著它會更有價値。

Xtravagance 奢侈

「奢侈」是「高雅」的相反。「高雅」可能是「大膽」，但永遠不會是「奢侈」，因爲「奢侈」是品味不良。

寧願因「簡單」而犯錯，也不要在穿著方面很奢侈。

第二十五章

Y

Yellow 黃色

黃色是青春與陽光的色彩，也是好天氣的色彩。黃色是女裝中的美麗顏色，也是配件中的美麗顏色，出現在一年中的任何時間它都是正確的。但是如果妳的頭髮是金色的，或者皮膚是淡色的，那妳一定很害怕這種顏色。我並不是說，妳必須完全避開它，但妳必須只選淡色的色調，讓皮膚、頭髮褐色的女人去選擇明亮的金黃色。

就像其他顏色一樣，黃色也有適合每個人的色調——但妳必須費心去發現。

Yoke 抵肩

抵肩是爲緊身上衣提供必要的寬鬆特性，同時又使肩線保持平整的方法。抵肩對上半身很長的女人很有用，因爲它會讓線條中斷；對胸部大的女人也很棒，因爲它的寬鬆特性很討好。

如果妳身材嬌小，我建議妳不要用抵肩，最好專注在長線條的女裝和大衣上，不要專注在橫線條的女裝和大衣上。

Young Look 年輕的外表

年輕的外表對年輕女人是很棒的事。但到了某一個年紀後，妳最好專注在高雅的外表而不是年輕的外表上。

有些東西確實有助於年輕的外表：小圓領、格子花紋裙、花邊裙、活褶，以及一些棉料。也有些東西確實對於年輕的外表沒有幫助：面紗、錦緞、黑色、灰色和紫色的蕾絲，太多的遮飾，以及很多羽毛。

第二十六章

Z

Zest 熱情

「熱情」是我用來結束我這部時尚小辭典的快樂語詞。

無論妳做什麼事，不管是工作還是享樂，都必須表現得很熱情。妳必須很熱情地活著，這也是美與時尚的祕密。

沒有熱情就沒有吸引人的美。

如果背後沒有用心、熱心和熱情在支撐，就沒有美好的時裝。設計中有熱情、縫製中有熱情、衣服的穿著中有熱情。

博雅文庫 184

Christian Dior告訴妳什麼是時尚

作　　者　Christian Dior
譯　　者　陳蒼多
發 行 人　楊榮川
總 編 輯　王翠華
企劃主編　朱曉蘋
執行編輯　吳雨潔
封面設計　陳翰陞
內文插圖　劉好音
出 版 者　五南圖書出版股份有限公司
地　　址　106台北市大安區和平東路二段339號4樓
電　　話　(02)2705-5066
傳　　真　(02)2706-6100
劃撥帳號　01068953
戶　　名　五南圖書出版股份有限公司
網　　址　http://www.wunan.com.tw
電子郵件　wunan@wunan.com.tw
法律顧問　林勝安律師事務所　林勝安律師
出版日期　2016年11月初版一刷
定　　價　新臺幣320元

國家圖書館出版品預行編目（CIP）資料

Christian Dior告訴妳什麼是時尚 / Christian Dior著；
陳蒼多譯. -- 初版. -- 臺北市：五南, 2016.11
面；　公分. --（博雅文庫；184）
譯自：Christian Dior Talking about Fashion & The Little Dictionary of Fashion
ISBN 978-957-11-8882-9（平裝）

1.時尚　2.衣飾

541.85　　105018677